강창희의 100세 설계 수업

강창희의 100세 설계 수업

본문에서 질문은 경어체로, 답변은 가독성을 높이기 위해 평어체로 구성했다.

일러두기

본문에서 질문은 경어체로, 답변은 가독성을 높이기 위해 평어체로 구성했다.

강창희의

100세 설계 수업

강창희, 유치영, 신상훈 지음

중앙books

100세 시대,
지금 시작하는 미래 설계

지금과 같은 인생 100세 시대에는 노후의 3대 불안으로 돈, 건강, 외로움을 들 수 있다. 이 세 가지 불안에 대한 대비책으로 가장 중요한 것이 바로 균형 잡힌 자산관리이다. 현역 시절부터 부동산을 중심으로 한 실물자산, 현금·예금·주식 등의 금융자산, 그리고 자기 자신이라고 하는 인적자산(자본)을 잘 관리해야 행복한 노후를 맞을 수 있다.

그렇다면, 우리나라 평균적인 가정의 노후 대비 자산 준비 현황은 어떤가? 인생에서 재산이 가장 많은 시기는 퇴직 직전인 50대이다. 통계청 자료에 따르면, 현재 우리나라 50대 가정의 가구당 총 보유자산 평균은 6억 1,400만 원이다. 여기에서 가구당 평균 부채 1억 300만 원을 빼면 순자산은 5억 1,100만 원이 된다.

언뜻 생각하면 50대 후반에 순자산 5억 원 정도 있으면 그럭저럭 노후생활을 해나갈 수 있을 것 같지만, 문제는 이 중 4억 2,700만 원이 부동산, 그것도 살고 있는 집값이라는 점이다. 가용 순금융자산은 8,400만 원밖에 되지 않는다. 이 돈으로 어떻게 퇴직 후 30~40년을 살아갈 수 있겠는가?

선진국의 경우, 보유 재산이 없더라도 노후 최소 생활비 정도는 연금을 받아 생활한다. 그러나 우리나라의 경우, 공무원·교직원·군인 출신과 현역 시절에 특별히 준비한 사람 외에는 여기에 해당되지 않는다. 대부분의 고령 세대가 받고 있는 연금은 국민연금 정도인데, 2024년 기준 월평균 수령액은 약 60만 원에 불과하다. 퇴직연금 평균 적립금은 5,400만 원, 개인연금은 2,300만 원 정도다. 이 금액을 10년에 나누어 연금으로 받는다 해도 월 70만 원 수령이 쉽지 않을 것이다.

남는 건 결국 집 한 채뿐이다. 그러나 일본에서 이미 경험한 것처럼 인구가 줄고 경제가 침체되면, 장기적인 집값 하락이 나타날 수도 있다. 그럴 경우 가계부채를 갚지 못해 주택 빈곤과 노후 파산에 빠질 위험이 있다.

이 책은 이렇게 문제 많은 자산 구조를 가진 우리나라 가정이 어떤 노력을 통해 '행복 100세 자산관리'를 실천할 수 있을까에 대한 해법을 제시한다. 삶 전반에 대한 인적 자본, 물적 자본의 관리 개념, 각 나이대별로 해야 할 것도 기록하였다.

이 책은 총 세 가지 파트로 구성되어 있다. 파트 1은 총론으로, 행복 100세를 위한 자산관리의 원칙, 부동산에 편중된 자산 구조의 문제점과 개선 방향, 인생 단계별 자산관리 전략 등을 다룬다. 또한 노후의 3대 불안에 대비하기 위한 평생 현역의 필요성과 인적자산 관리 방법도 함께 소개한다. 파트 2에서는 효율적인 금융자산 관리 전략을 다룬다. 적립식 투자를 통한 목돈 마련 방법, 적립식 투자에서 자산배분형 투자로 전환하는 과정, 투자 전문가 활용법, 투자 일임업과 자문업 활용법, 그리고 실제 투자 성공 사례 등을 제시한다. 파트 3에서는 노후를 든든하게 해주는 연금 설계 방법을 다룬다. 국민연금 더 받기 전략, 퇴직연금 제도 선택과 관리 방법, 개인연금 선택 요령, 연금자산 직접 운용 및 절세 전략,

그리고 연금 수령 시 고려해야 할 포인트까지 자세히 설명한다.

이 책의 파트 1은 강창희, 파트 2는 신상훈, 파트 3은 유치영이 집필했다. 필자들은 젊은 시절부터 실물자산, 금융자산, 인적자산을 효율적으로 관리하며, 행복한 100세를 꿈꾸는 독자들에게 조그만 아이디어라도 전할 수 있기를 소망한다.

끝으로, 지금과 같은 출판 불황 속에서도 이 책을 출간하기로 결정해주신 중앙북스에 깊은 감사를 드린다. 특히 아이디어 단계에서부터 출판에 이르기까지 꼼꼼히 뒷받침해주신 서정욱 차장께 감사드린다. 서 차장의 설득과 동기 부여, 그리고 집필 과정에서의 세심한 조언이 없었다면 이 책은 세상에 나오기 어려웠을 것이다. 이 자리를 빌려 다시 한번 진심으로 감사의 뜻을 전한다.

목차
—

1

PART

당신의 노후는 이미 시작됐다

노후 준비 시작은
3층 연금 가입부터

**이제 막 사회생활 3년 차인데요, 노후 준비를 지금부터 해야
한다는 말을 들었습니다. 정말 그렇게 일찍 시작해야 하나요?**

100세 시대의 노후 준비는 20~30대에 사회 출발과 동시
에 시작해야 한다는 말을 하면 놀라는 사람이 많다. 아무
리 그래도 20~30대부터라는 건 너무 심하지 않은가 하는
표정이다. 그런데도 왜 그런 주장을 하는가? 행복한 노후를 위한
준비에는 그만큼 시간이 걸리기 때문이다. 그 대표적인 게 연금 준
비이다. 우리가 복지선진국이라고 하면 대부분의 고령자들이 노
후자금으로 몇억 원씩 보유하고 있는 나라라고 생각하기 쉬운데
그렇지 않다. 세상을 떠날 때까지 최소 생활비 정도를 연금으로 받

을 수 있도록 되어 있는 나라가 복지선진국이다.

예를 들어, 일본 내각부가 주요국의 '노후 주요 수입원'을 조사한 자료에 의하면, 미국, 일본, 독일 같은 복지선진국의 경우 60~90%를 차지하고 있는 게 공적·사적 연금이다. 이 점에서 우리나라는 어떤가? 2023 통계청 사회조사에 의하면 노후생활비 마련 방법 중 공적·사적 연금의 비율은 29%에 지나지 않는다. 전직 공무원, 군인, 교직원과 특별히 연금 준비를 한 일부 고령자들만이 여기에 해당되기 때문이다. 그렇다면 우리나라 고령 세대들의 주된 생활비 마련 방법은 무엇인가? 1980년도 조사에서는 72%가 '자녀의 도움'이라고 대답했다. 당시만 해도 부모의 노후는 대부분 자녀들이 책임지는 시대였기 때문이다. 이 비율이 2023년 조사에서는 12%로 낮아졌다. 몇 년 후에 다시 같은 조사를 한다면 이 비율이 선진국처럼 0~2% 수준으로 내려갈 것이다. 자녀들의 경제사정으로 보나 의식 구조로 보나 앞으로 자녀들의 부양을 기대하기는 어려울 것이라는 뜻이다. 결국 고령자 자신이 근로소득이나 재산소득 등으로 생활비를 충당해야 하는데 이 또한 쉬운 일이 아니다.

우선 70대가 넘어가면 대부분의 고령자들은 일자리를 갖기가 쉽지 않을 것이다. 다른 재산이 많으면 되지 않느냐고 생각할지 모르지만 그렇지도 않다. 주위에서 보면 제법 많은 노후자금을 모아 두었는데도 돈을 쓰지 못하는 사람들이 많기 때문이다. 노후자금의 수명이 자신의 수명보다 길어야 하는데 세상 떠나기 전에 노후

자금이 바닥나면 어떡하냐는 불안감 때문일 것이다. 이럴 때 세상을 뜰 때까지 최소 생활비 정도를 연금으로 받을 수 있다면 노후가 얼마나 안심이 되겠는가?

그런데 노후생활비에 충당할 정도의 연금을 받기 위해서는 단기간의 연금 가입으로는 불가능하다. 매월 적은 금액이라도 30~40년 장기간 불입해야 한다. 따라서 직장인들은 자신의 노후생활에 연금이 얼마나 중요한가를 확실하게 인식하고 20~30대 직장생활 시작과 동시에 3층 연금(국민연금, 퇴직연금, 개인연금)에 가입하고 연금에 대한 공부를 해나가야 한다.

3층 연금의 1층이 되는 국민연금은 연금자산 운용을 비롯한 모든 관리를 국가기관이 해주고, 명문화되어 있지는 않지만, 연금 지급을 국가가 책임져주는 공적연금이다. 대부분의 사적연금은 지급 기간이 정해져 있고 비용을 빼면 물가상승률 커버도 쉽지 않다. 반면에, 국민연금은 세상 떠날 때까지 물가상승률을 반영해서 지급해주는 종신연금이다. 국민연금만큼 유리한 금융상품이 없다는 뜻이다. 따라서 다른 어떤 연금보다도 국민연금을 많이 받을 수 있는 노력을 해야 한다. 국민연금 더 받기 전략으로는, 가입 의무가 없는 배우자에게도 임의가입하도록 하여 연금 수령액을 늘리는 방법(임의가입제도), 연금 수령 연령이 되었더라도 수령 시기를 일정 기간 연기하여 연금 수령액을 늘리는 방법(연기연금제도), 연금가입 자격이 종료(60세)된 후에도 일정 기간 계속 가입하여 연금 수령액을 늘리는 방법(임의계속가입제도), 사업 중단이나 실직 또는 휴직으로 납부하지 못한 연금보험료를 추후에 납부하는 방법(추후납부제도), 출산, 군복무, 실업과 관련하여 가입 기간을 추가 인정받는 방법(크레딧제도) 등이 있다.

3층 연금 중 2층에 해당하는 연금은 직장에서 가입하는 퇴직연금이고 3층에 해당하는 연금은 개인이 자발적으로 가입하는 개인연금이다. 두 연금 모두 사적연금이며 연금자산 운용의 책임 소재를 기준으로 DB(회사 책임)형과 DC(가입자 책임)형으로 나뉜다. DB형은 운용의 책임을 회사(퇴직연금) 또는 금융회사(개인연금)가 지기 때문에 가입자는 다른 고민을 할 필요가 없다. 그러나 DC형은 운용의 책임이 가입자(근로자)에게 있다. 그런데 퇴직연금도 개인연금도 저금리 시대를 반영하여 DC형이 주류로 되어 가고 있다. 같은 기간, 같은 금액을 가입한 경우에도 연금자산 운용 결과에 따라 연금수령액이 두 배 이상의 차이가 날 수 있다. 그만큼 연금자산 운용에 대한 공부가 필요하다는 뜻이다.

연금자산 운용과 관련해서는 어떤 공부를 해야 하는가? 원리금보장상품으로 운용할 것인지 혹은 원금손실의 리스크가 있지만 고수익을 낼 수도 있는 투자형 상품으로 운용할 것인지, 100% 국내에만 투자할 것인지 국제분산투자를 할 것인지, 국제분산투자를 한다면 어느 지역의 어떤 상품에 투자할 것인지, 연령대에 따라 운용 상품 중 공격적인 투자 상품의 비중은 어느 정도의 비율로 할 것인지 등에 대한 공부가 필요하다. 또한, DC형 연금에 넣는 펀드 상품을 어떤 운용회사가 운용하느냐에 따라 운용 성과가 달라지기 때문에 실력 있는 운용회사를 고를 수 있는 공부도 해야 한다. 연금자산 운용과정에서 배운 금융투자 지식을 여타 자산을 운용하는 데 활용하는 것 또한 중요하다. 20~30대에 이런 노력을 시작했느냐 안 했느냐에 따라 노후자금 마련에 큰 차이가 나타난다는 점을 명심해야 한다.

내 나이에 해야 할 노후 준비는?

요즘 직장 동료들끼리 노후 준비 이야기를 자주 하다 보니 이제는 먼 얘기 같지가 않습니다. 지금 제 나이에 어떤 준비를 하는 게 좋을까요?

"저는 올해 34세인데 지금 이 영상을 보게 된 것을 행운으로 생각합니다."

예전에 연령대별 노후 준비 방법을 강의한 유튜브 영상에 어느 구독자가 올린 댓글이다. 2000년대 초 노후 설계 강의 활동을 시작했던 초기에는 대부분의 수강생이 50~60대로 퇴직을 앞두고 있거나 이미 퇴직을 한 분들이었다. 그러던 것이 몇 년 전부터는 수강생 구성이 눈에 띄게 바뀌었다. 위의 구독자와 같은

30~40대의 비중이 늘고 있고 심지어는 20대의 직장인이나 대학생을 만날 때도 있다. 야간이나 주말 교육 같은 경우에는 30~40대 부부가 같이 와서 듣는 사례도 늘고 있다. 50대 후반의 한 퇴직예정자로부터는 "이런 교육을 10년쯤 전에 아내와 같이 받았어야 하는데, 퇴직 직전에 그것도 혼자 와서 교육을 받고 보니 내일모레 퇴직인데 준비할 시간도 없고, 아내 설득도 해야 하니 참 막막하다"는 말을 들은 일도 있다.

100세 시대의 노후 준비는 50~60대에 시작해서는 너무 늦다는 뜻이다. 극단적으로 말한다면 그런 연령대에서는 주어진 상황에 맞추어 사는 길밖에 없다. 제대로 된 노후 준비를 위해서는 20~30대부터 직장생활 시작과 동시에 시작하지 않으면 안 된다. 구체적으로 어떤 준비를 해야 하는가?

우선, 앞에서도 연급했다시피 20~30대에 사회 출발과 함께 시작해야 할 것은 3층 연금에 가입하는 것이다. 지금과 같은 인생 100세 시대에는 세상을 떠날 때까지의 최저생활비 정도를 3층 연금으로 확보하는 것이 가장 중요하기 때문이다. 물론, 퇴직연금과 개인연금의 자산을 운용하는 과정에서 습득한 투자지식을 연금 이외의 여타 자산 운용에 활용하는 것 또한 중요하다. 또 한 가지 20~30대에 해야 할 일은 자신의 몸값을 높이는 인적자본 투자이다. 자신의 능력을 키워서, 보다 많은 연봉을 받고 보다 긴 기간 동안 일을 할 수 있도록, 끊임없이 자신에게 투자를 해야 한다는 뜻이다.

40대가 되면 건강에 이상신호가 나타나기 시작한다. 따라서, 본격적으로 건강관리를 시작하지 않으면 안 된다. 담배도 끊고 술도 줄일 뿐 아니라 운동을 습관화해야 한다. 또한, 만일의 경우에 대비해 특수질병보험 하나쯤은 들어두는 것이 바람직하다.

40대에 시작해야 할 또 한 가지는 자녀 관련 지출을 줄이고, 자녀에게 경제적 자립 교육을 시켜 자녀 리스크를 줄이는 일이다. 이를 위해서는 부부가 같이 자녀 교육, 결혼 문제에 대해 제대로 된 교육을 받아 공통된 인식과 소신을 갖는 게 중요하다.

50대에 해야 할 일은 가계자산을 구조조정하는 일이다. 50대는 다른 연령대에 비해 자산도 많지만 부채도 가장 많은 시기이다. 따라서 부채 상환을 최우선으로 하지 않으면 안 된다. 그 부채가 생활비를 충당하기 위한 것이었다면 생활수준을 낮추는 일부터 시작해야 한다. 생활수준을 관리하지 않고서는 노후에 안정된 생활을 할 수 없기 때문이다. 자녀들을 모두 독립시킨 부부가 부채를 안은 채로 과다한 부동산을 보유하고 있는 경우라면 더더욱 구조조정을 서두를 필요가 있다. 과다한 부동산으로 인해 늘어나는 부채와 생활비도 문제지만 저성장·고령화 시대를 맞아 부동산의 장기 가격 전망 또한 그다지 밝지 않기 때문이다.

50대에 해야 할 또 한 가지 중요한 일은 퇴직 후에도 할 수 있는 일을 준비하는 것이다. 부족한 노후자금 때문에도 그렇지만, 건강을 위해서나 보람 있는 삶, 부부 화목을 위해서라도 수입을 얻는 일이든 사회공헌 활동이든 취미활동이든 이 세 가지를 겸한 활동이든 일을 갖지 않으면 안 되기 때문이다. 평균수명이 70~80세일 때는 '공부-취업-은퇴'라는 삶의 방식이 일반적이었다면, 인생 100세 시대에는 '공부-취업-공부-재취업'과 같은 순환형 삶의 방식으로 바꾸지 않으면 안 된다. 가장 확실한 노후 대비는 '평생현역'이라는 마음가짐으로 퇴직 후에도 할 수 있는 일을 준비하는 것이다.

60대가 되면 재산을 늘리는 노력보다 현역 시절에 모아둔 재산 정도에 맞추어 살아가는 노력이 더 중요해진다. 진정한 경제적 자립이란 주어진 경제적 상황에 자기 자신을 맞추어 넣는 능력을 기르는 것이기 때문이다. 현역 시절에 모아둔 재산이 노후자금으로 충분치 않다고 생각되는 경우에는 형편에 맞춰 살아갈 방도를 생각하고, 열심히 노력한 덕분에 벌어놓은 돈이 충분하다고 생각되는 경우에는 그 돈을 어떻게 보람 있는 일에 쓸 것인가를 생각해야 한다.

70대가 되면 혼자 살게 될지도 모르는 노후에 대한 준비가 필요하다. 사별, 생애 미혼, 황혼이혼 등의 이유로 현재 65세 이상 노인의 22%가 혼자 살고 있다. 특히, 70세 이상 혼자 사는 노인의 78%가 여성이다. 여성들의 준비가 더 절실하다는 뜻이다.

생활비 조달을 위한 연금과 중대 질병에 대비한 보험은 현역 시절에 준비해두었어야 한다. 그 외에도 가족이 아니라도 지역사회,

새로운 유연사회에서 행복을 찾을 수 있는 준비, 남편 중심의 노후 준비보다는 혼자 남아 십수 년을 살게 될지도 모르는 아내를 배려한 노후 준비, 주거형태의 합리적인 선택 등이 중요하다.

퇴직 전후에 해야 할 것은?

50대 후반 직장인입니다. 이제 곧 퇴직을 앞두고 있어서 막막하기만 한데, 당장 뭘 하면 좋을까요?

수명은 100세 시대를 맞고 있는데 직장인들의 퇴직연령은 이를 따라가지 못하고 있다. 취업 컨설팅 업체 잡코리아가 2023년 말에 발표한 자료에 의하면 우리나라 40세 이상 직장인이 체감하는 평균 퇴직연령은 51.8세였다. 비교적 정년이 잘 지켜지고 있는 교직원이나 공무원의 경우에도 60대 초반에는 직장을 떠나야 한다. 그렇다면 퇴직 후의 인생을 몇 년 정도로 생각하고 노후 준비를 해야 할 것인가? 보통은 평균수명(84세)에서 자신의 나이를 뺀 만큼 살 거라고 생각하는 사람들이 많은데 그래서는 안 된다. 그보다는 5명 중 1명이 살아남는 연령 즉, 20% 생존 확률 연령을 기초로 생존 기간을 상정하는 게 노후 준비의 상식이다. 금년에 만 45세가 되는 1980년생의 20% 생존 확률 연령을 통계청 자료를 이용하여 전문가의 도움을 받아 계산해본 바에 의하면 남성은 100세, 여성이 102세였다. 또 하나, 가장 많은 사람이 사망하는 연령을 뜻하는 최빈 사망 연령까지 생존할 거라고 상정하고 노후 준비를 하는 사례도 있다. 현재 우리나라의 최빈 사망 연령은 92세이다. 그 어느 경우이든 직장인들은 퇴직 후 30~50년을 어떻게 살아갈 것인가에 대해 미리미리 생각해보고 준비를 하지 않으면 안 된다는 뜻이다.

그렇다면 퇴직 후 30~50년을 행복한 노후로 만들기 위해서는 어떤 준비가 필요한가? 우리가 노후의 3대 불안이라고 하면 돈, 건강, 외로움을 든다. 이 3대 불안에 대비하는 게 바로 노후 준비인 것이다. 그중에도 가장 중요한 건 돈, 즉 노후자금이다. 따라서 퇴직이 가까워지는 50대가 되면 1년에 한 번 정도는 부부가 같이 앉아 자기 집의 재산 상태표를 만들어볼 필요가 있다. 방법은 간단하다. A4 용지 위에 T자를 긋는다. T자의 왼편에는 자기 집의 보유 자산을 나열하고 시가를 적는다. 자산은 실물자산과 금융자산으로 나뉜다. 실물자산의 예로는 아파트 한 채 5억 원, 중고 자동차 한 대 있으면 100만 원 등으로 적는다. 금융자산은 현금, 예금, 주식, 채권, 펀드 등을 나열하고 이것도 시가를 쓴다. 이들의 합계가

10억 원이라면 우리 집의 자산 합계는 10억 원이 된다. T자의 오른쪽에는 은행 등에서 빌린 돈 즉, 부채를 적는다. 합계가 7억 원이라면 자산 합계 10억 원에서 부채 합계 7억 원을 뺀 3억 원이 우리 집의 순자산 즉, 자기자본이다. 이런 식으로 재산 상태표를 만들어보면, 노후 대비 자산관리 측면에서, 자산 구조에 어떤 문제가 있는지, 어떤 대책을 세워야 할 것인지를 알 수 있게 된다.

실물자산	아파트 자동차 기 타	부 채	7억 원
금융자산	현금 예금 주식 채권 펀드 보험 연금	자기자본	3억 원
계 10억 원		계 10억 원	

우리 집의 재산 상태표 작성 사례

총자산	6억	1,400만 원
부채	− 1억	300만 원
순자산	= 5억	1,100만 원
부동산	− 4억	2,700만 원
가용 순금융자산	=	8,400만 원

* 자료: 2024년 3월 기준. 가계금융복지조사(통계청)

50대 평균적인 가구의 보유 자산 현황

　　그렇다면 우리나라 평균적인 가정의 재산 상태표는 어떻게 되어 있을까? 통계청 자료에 의하면 인생에서 재산이 가장 많을 때는 퇴직 직전인 50대이다. 2024년 3월 기준 가계금융복지조사에 따르면, 우리나라 50대 가구의 가구당 평균 총 보유자산은 6억 1,400만 원이다. 여기에서 가구당 평균 부채 1억 300만 원을 빼면 순자산은 5억 1,100만 원. 언뜻 생각하면 50대 후반에 순자산 5억 1,100만 원이 있으면 그럭저럭 살아갈 수 있을 거라고 생각할 수도 있다. 그런데 문제는 이 중 84%에 해당하는 4억 2,700만 원이 부동산, 그것도 대부분이 살고 있는 집값이라는 점이다. 가용 순 금융자산은 8,400만 원밖에 안 된다. 이 돈으로 어떻게 30~40년 을 살아갈 수 있겠는가? 초조한 나머지 주식이나 선물, 코인 같은 것으로 단기 재테크를 하려다가 그 돈마저 날리는 사례도 있다. 남 는 건 결국 살고 있는 집 한 채인데, 그 집에서 올해는 화장실을 팔 아 쓰고 내년에는 건넌방을 팔아 쓸 수도 없는 노릇이다. 또, 이웃 나라 일본에서 경험한 것처럼 인구가 줄고 경제가 어려워지면서 10~20년 후 장기적인 집값 하락 현상이 나타나면 어떻게 할 것인 지도 걱정이다. 가계부채를 갚지 못한 경우에는 주택 빈곤에 빠질 수도 있다.

선진국의 경우에는 보유 재산이 없더라도 노후 최소 생활비 정 도는 연금을 받아 살아간다. 우리나라의 경우에는 공무원, 교직원, 군인 출신과 현역 시절에 특별히 준비한 사람 정도가 여기에 해당 한다. 예를 들어, 교직원으로 퇴직해서 60세부터 최빈 사망 연령 92세까지 매월 300만 원의 교직원 연금을 받는다면 총 수령액의 현재 가치는 얼마나 될까? 정기예금 금리를 2%로 가정할 경우 8억 6,000만 원 정도가 된다. 여기에 연 2%의 물가 상승률까지를 감안 한다면 무려 11억 8,000만 원 정도가 된다. 다른 재산이 평균적인 가정이라 하더라도 순자산 합계는 9억 4,000만~12억 6,400만 원 정도라는 계산이 된다. 이것이 연금의 위력인 것이다.

　그러나 대부분의 고령 세대가 받고 있는 연금은 국민연금 정도인데, 2024년 8월 기준 65세 이상 고령자 1,007만 명 중 국민연금 노령연금을 몇십만 원이라도 받는 사람은 68%에 지나지 않는다. 더 큰 문제는 수령액이다. 월 60만 원 미만이 70%를 차지한다. 100만 원 이상 수령자는 11%에 지나지 않는다.

　이렇게 보유자산의 대부분은 부동산이고 연금도 빈약한데 과다한 빚까지 안고 있는 직장인이라면 퇴직 전후에 가장 서둘러야 할 것은 가계자산의 구조조정이다. 우선은 가능한 수단을 동원하여 빚을 줄이는 노력부터 해야 한다. 과다한 빚을 안고 퇴직을 하면 노후가 괴롭기 때문이다. 다음에는 집을 줄이거나 부동산 연금 등을 활용하여 부동산과 금융자산의 비중을 반반 정도로 바꾸는 노력을 해야 한다. 그래야만 부동산 가격이 오르든 떨어지든 주택 빈곤, 즉 하우스푸어에 빠지는 걸 방지할 수 있다.

　직장인이 퇴직 전후에 해야 할 또 한 가지 중요한 것은 일의 준비이다. 앞서 얘기했듯 직장인이 갖고 있는 자산은 실물자산과 금융자산뿐 아니라 자기 자신이라고 하는 인적자본도 중요하다는 마음가짐이 필요한 것이다.

집 한 채가 내 노후를 책임져줄까?

퇴직을 앞둔 직장인입니다. 부동산을 보유하고 있어서 안심이라 생각해왔는데 오히려 그게 문제라는 얘기를 들었습니다. 왜 그런가요?

노후를 대비한 자산관리에서 50~60대가 퇴직 전에 반드시 해야 할 일 중 하나가 가계자산의 구조조정이라고 앞서 얘기했다. 우리나라 대부분의 가계가 지나치게 부동산에 편중된 자산구조를 갖고 있기 때문이다. 결국 대부분의 가계가 노후를 부동산에 의지해야 하는데 그게 과연 가능하겠는가? 우리보다 20~30년 앞서 저성장·저출산·고령화 사회를 가고 있는 일본의 부동산 버블 붕괴와 그 후의 가격추이를 우리나라의 상황과 비교해보면 걱정이 앞선다.

부동산 가격의 중요한 지표 중 하나라고 할 수 있는 일본 3대 도시(도쿄, 오사카, 나고야)의 택지 지가지수는 1982년에 100으로 출발하여 부동산 버블이 피크인 1991년에는 290까지 상승했다가 2012년에는 102까지 떨어졌다. 최근에는 약간 반등하여 120 수준에 있다. 그 과정에서 일본인들의 부동산에 대한 인식도 크게 바뀌었다. 현재의 일본인들은 우리처럼 집에 한이 맺혀 있지 않다. '집 없으면 어때? 빌려 살면 되는 거지' 이런 인식이 강하다. 예를 들어, 몇억 원의 금융자산이 있는데 집은 없다면, 은행에서 융자를 받아 내 집 마련을 할 것인가, 아니면 집은 빌려 살고 그 돈은 다른 곳에 활용할 것인가를 냉정하게 따져본다. 반면에 지난 몇 년 동안 우리나라의 분위기는 어땠는가? 많은 사람들이 가진 돈이 거의 없더라도 은행에서 융자를 받을 수만 있다면 무조건 집을 사야 한다는 분위기가 지배적이었다. 물론 일본도 부동산 버블기에는 내 집, 내 땅에 대한 집착이 우리나라 못지않았다.

2차대전 후에 태어난 베이비붐 세대들이 내 집 마련을 시작한 것, 도시화 과정에서 농촌에서 도시로 이전한 사람들이 집을 사기 시작하면서 주택가격을 장기 상승시킨 것도 양국에 공통적으로 나타난 현상이다. 그런데 일본에서는 도시화 과정도, 베이비붐 세대의 내 집 마련 러시도 끝났다. 이런 과정을 겪으면서 부동산에 대한 인식이 크게 바뀐 것이다.

이 점에서 우리나라는 어떤가? 통계청 발표에 의하면 2024년 기준 전국 평균 도시화율(전체 인구 중 도시 거주 인구의 비율)은 92.1%로 싱가포르, 홍콩 같은 도시국가를 제외하면 세계 1~2위 수준이다. 제2차 베이비붐 세대의 내 집 마련 러시도 조만간 끝나게 될 것이다. 저출산, 고령화 또한 과거의 일본보다 훨씬 더 빠른 속도로 진행되고 있다. 금년, 내년의 부동산 시장을 전망하기는 어렵지만, 10~20년 후 노후 대비 관점에서 보면, 부동산에 편중된 자산구조는 노후생활에 불안요인으로 작용할 가능성이 매우 크다고 봐야 할 것이다.

주택에 대한 장기 수요 전망 또한 생각해볼 필요가 있다. 집을 사는 건 주로 젊은 세대이기 때문이다. '미래에셋투자와연금센터'에서 통계청 자료를 이용하여 예측해본 바에 의하면, 지난 2000~2020년 사이에 20~30대는 100만 가구가 줄었고 2020~2040년 사이에도 130만 가구가 더 줄어들 것으로 예상되고 있다.

집을 늘려가는 세대는 주로 자녀가 많은 40~50대이다. 그런데 이 40~50대가 지난 20년 동안에는 260만 가구가 늘었는데 앞으로 20년 동안에는 190만 가구가 줄어들 것으로 예상된다. 그럼 어떤 가구가 늘어나는가? 60대 이상 고령자 가구만 지난 20년 동안에 400만 가구가 늘었고 앞으로 20년 동안에도 530만 가구가 또 늘어날 것으로 예상된다. 그런데 고령 세대들은 이미 집이 있거나 없더라도 살 능력이 없는 분들이 대부분일 것이다. 그렇다면 누가 집을 사겠는가를 생각해보지 않을 수 없다.

물론 이상의 몇 가지 요인만을 근거로 집을 사거나 팔라고 단정적으로 말을 할 수는 없다. 단기 예측이 쉽지 않기 때문이다. 노후 대비 차원에서 자산관리의 원칙만은 지키라는 말밖에 할 수가 없다. 자산관리의 원칙이 무엇인가? 투자에는 리스크가 따른다. 따라서 재산이 한 곳에 집중되어 있으면 안 된다. 갖고 있는 재산의 대부분이 부동산에 편중되어 있다면 부동산의 비중을 줄이고 금융자산의 비중을 늘려가야 한다. 그리하여 퇴직 무렵쯤에는 선진국 수준까지는 못 가더라도 부동산과 금융자산이 반반 정도는 되도록 해야 한다. 과도한 부채를 안고 주택을 구입하는 건 특히 조심해야 한다. 이것이 노후 대비 자산관리의 원칙이다.

그렇다면, 퇴직은 했는데 재산이 살고 있는 집 한 채밖에 없는 가계라면 어떻게 구조조정을 할 수 있겠는가? 집을 줄여서 금융자산 비중을 늘리거나, 줄일 수 없는 형편이라면, 주택연금 활용을 권한다. 주택연금을 활용하면 평생 그 집에 살면서 일정액의 생활비를 받다가 사후에 정산하여 남는 금액은 상속할 수 있다. 또한, 사후 양도 조건으로 집을 매각한 것이기 때문에 부동산 비중을 줄인 효과도 얻을 수 있다.

금융자산은 용도별로 나누어 관리하자

요즘 저도 한 가지 금융상품에만 몰아서 투자하고 있다는 걸 깨달았어요. 자산을 3개의 주머니로 나눠 관리하라는 말을 들었는데, 구체적으로 어떻게 해야 할까요?

국내 개인투자자들의 단기, 쏠림 투자 성향이 심화되고 있는 것 같아 우려스럽다. 변동성이 큰 종목에 돈을 빌려 투자하도록 설계한 상품이 인기를 끌고 있다. 국내 시장에서 실망한 투자자들이 미국 주식 레버리지 투자와 가상자산 투자를 했다가 큰 손실을 입은 사례가 언론에 보도되곤 한다. 국내 가상자산 투자자는 1,000만 명에 육박하고 있고 인구 대비 가상자산 거래 비중이 세계 1위를 기록할 정도이다. 시장 움직임만 보고 정보나 미래에 대한 고민 없이 직접거래에 나서는 게 아닌가 하는 생각이 들 정도이다.

물론, 나름대로의 생각과 경험을 갖고 본인 방식대로 공부해서 투자하고 있는 개인투자자들의 투자 방식에 대해 함부로 평가를 내릴 수는 없다. 다만, 필자의 50년 넘는 금융투자업계 경험으로 볼 때 개인이 변동성이 큰 상품을 빈번하게 매매하는 방식으로 투자를 해서, 어쩌다 한 번은 모르지만, 장기적으로 성공하는 사례는 극히 드물다는 점만은 꼭 강조하고 싶다.

"나는 1년에 5,000페이지 정도의 자료를 읽는다. 그러면서도 생각하고 또 생각해서 투자에 나선다. 그만큼 항상 의문을 갖고 투자를 하고 있다." 지난 40년 동안 수많은 투자실적을 쌓아온 한 금융투자그룹의 CEO가 최근에 한 언론 인터뷰에서 밝힌 말이다. 최고 투자 전문가들의 도움을 받아 의사결정을 하는 금융투자그룹 CEO도 이렇게 열심히 공부를 하고 신중하게 의사결정을 한다는 것이다. 개인투자자들이 자신의 투자 방식을 되돌아보는 데 참고해야 할 말이 아닐까 생각된다.

물론 투자 공부를 하는 데는 시간이 필요하다. 따라서 우선은 자신의 보유 금융자산을 용도별로 3개의 주머니에 나누어 관리하는 습관부터 가질 필요가 있다. 저축 주머니, 트레이딩 주머니, 자산형성 주머니가 그것이다.

첫 번째, 저축 주머니는 몇 개월 이내에 지출해야 할 생활비, 자녀 학자금, 예기치 않은 사태에 대비한 비상금 등을 넣어 두는 주머니이다. 이런 성격의 자금은 필요하면 언제든 해약해서 써야 하기 때문에 예금이나 CMA와 같은 저축성 상품에 넣어두어야 한다. 그런 의미에서 저축 주머니라고 하는 것이다. 또한 생활에 필요한 자금을 넣어둔다고 해서 '생계용 주머니'라고 할 수도 있다.

두 번째 주머니는 트레이딩 주머니다. 이 주머니에서는 주식, 채권, 선물, 옵션, 가상자산 등의 개별 종목을 단기간에 사고팔아서 수익을 내려는 자금을 관리한다. 물론 트레이딩(Trading)도 투자의 한 종류이다. 다만 투자는 리스크를 관리하면서 자산을 안전하게 운용한다는 의미를 갖고 있는 반면, 트레이딩은 큰 리스크를 각오하고 '단기에 승부를 건다'는 의미가 강하다. 투기와 비슷한 뜻으로 쓰인다고 볼 수 있다. 따라서 '투기 주머니' 또는 '대박 주머니'라고도 한다. 그렇다고 투자는 좋은 것이고 투기에 가까운 트레이딩은 나쁜 것이라고 말할 수는 없다. 이 주머니를 운용할 때의 자세가 문제일 뿐이다.

앞에서 언급한 우리나라 개인투자자들의 운용 방식은 트레이딩이라고 해야 할 것이다. 문제는 트레이딩 주머니가 노후 대비 재산 형성에는 그다지 도움이 되지 않는다는 점이다. 단기 트레이딩의 성공은 실력보다는 운에 의한 요소가 강하기 때문이다.

따라서 트레이딩 주머니는 처음부터 '오락용 주머니'라고 생각하고 시작하지 않으면 안 된다. 운이 좋아 수익을 많이 냈을 경우에는 그 돈으로 부부가 같이 여행을 할 수도 있다. 그러나 예기치 않은 상황을 만나 큰 손실을 입게 되면 '오락을 했으니까' 하고 체념할 수 있어야 한다. 트레이딩 주머니의 운용에서 실패를 하더라도 노후생활에 타격을 주어서는 안 된다. 따라서 보유 금융자산의 20%를 넘지 않는 것이 좋다. 또한 트레이딩 주머니를 모든 사람이 꼭 갖고 있어야 할 필요도 없다. 특히 본업을 가진 일반투자자들이 단기 트레이딩에서 계속 성공하기는 거의 불가능하다는 사실을 염두에 두어야 할 것이다.

지금까지 우리나라 투자자들의 대부분은 저축 주머니와 트레이딩 주머니만 갖고 있었다고 할 수 있다. '모 아니면 도' 식으로 자산을 관리해온 셈이다. 이제는 자산관리에 대한 접근 방법을 바꿔야 할 때라고 해야 할 것이다.

3개의 주머니 중 가장 중요한 주머니는 '자산형성 주머니'이다. 이 주머니는 자신의 꿈을 실현하는 자금, 자녀들 양육비, 결혼자금, 주택구입자금, 은퇴한 뒤의 생활자금 등을 마련하기 위한 주머니이기 때문이다. 특히 지금과 같은 저금리·고령화 시대에는 젊은 시절부터 이 주머니를 어떻게 관리하느냐에 따라 노후의 생활수준이 결정된다. 또한, 자산형성 주머니는 리스크가 따르는 투자 상품 중심으로 관리를 해야 하기 때문에 투자 주머니라고도 한다. 기본 전략은 장기투자와 분산투자에 두어야 한다.

자산형성 주머니에 들어가는 대표적인 자금은 DC형 퇴직연금

이다. 우량펀드에 30~40년 장기적립식투자를 하는 게 DC형 퇴직
연금이다. 장기투자, 시간분산투자, 종목분산투자, 리스크 크기별
분산투자의 원칙을 지켜 안정적으로 노후자금을 만들어가는 주머
니인 것이다. 이 과정에서 배운 장기·분산투자 지식을 다른 자산
을 운용하는 데도 활용할 수 있다. 이제 직장인들도 그동안 트레이
딩 주머니에 쏟아왔던 열정을 자산형성 주머니로 옮겨서 안정적
인 노후자금을 만들어가는 노력을 해야 하는 것이다.

인생 단계별 자산관리 전략

이번에 퇴직금으로 2억 원을 받았는데요, 이 돈으로 주식투자를 해서 노후자금을 마련할 수 있을까요?

수년 전부터 시작된 동학개미 투자 붐 이후 자주 받아온 질문이다. 대답하기에 참 난감한 질문이다. 유망하다고 생각되는 종목을 소개해주면 되지 않느냐고 할지 모르지만 그렇지가 않다. 질문자의 재산 상태, 가족 상황, 투자 성향, 투자 기간 등을 고려하지 않고 "OO 종목 사세요"라고 말할 수는 없다. 더 큰 이유는 질문하는 분의 자산관리에 대한 마음가짐이 현역에 있는 젊은 직장인과 거의 달라 보이지 않기 때문이다. 퇴직 후 노후자금이 모자랄 거라는 초조함 때문에 투자 자체만을 목적으로 하고 있다는 것이다.

인생을 등산에 비유하면 퇴직은 산을 올라가는 시간을 끝내고 하산 시기로 들어서는 분기점에 해당한다. 등산은 오를 때보다도 내려갈 때가 더 위험하다. 그만큼 더 조심해야 하는 것이다. 자산 관리도 마찬가지이다. 퇴직 후에는 공격적인 투자방법을 통해 돈을 버는 걸 생각하기보다는 줄어드는 자산을 어떻게 관리할까, 그리하여 인생의 내리막길을 어떻게 무사히 내려갈까에 더 신경을 써야 한다. 그런데도 많은 퇴직자들은 여전히 자산을 늘려가는 데에만 관심을 두고 있다. 그래서는 안 된다. 인생 단계별로 볼 때 자산관리 전략은 대체로 3단계로 나눌 수 있는데 각 단계에 맞는 자산관리를 하지 않으면 안 된다.

■ step 1. 자산을 적립하면서 운용하는 단계 ■

직장생활을 시작해서 퇴직하기 직전까지의 기간이 이 시기에 해당한다. 이 시기에는 대부분 지출보다 수입이 많다. 생활자금으로 쓰고 남은 돈을 적극적으로 투자상품에 장기·분산 운용하여 자산을 축적해나가야 한다. 문제는, 투자상품은 고수익을 낼 수도 있지만 잘못하면 원금손실을 볼 수도 있는 리스크가 따른다는 점이다. 원금손실을 볼 수도 있는 리스크는 어떻게 관리해야 하는가?

시황 예측을 잘 해야 한다고 생각하는 분들이 많은데 그렇지 않다. 스스로 공부도 하고 전문가들의 도움을 받아 예측하려는 노력은 해야 하지만 기본적으로 단기시황 예측은 불가능하다는 생각으로 장기·분산투자의 원칙을 지키지 않으면 안 된다.

장기·분산투자의 원칙을 소개하면, 진지하게 받아들이기보다는, 또 그 고리타분한 원칙 이야기냐는 반응을 보이는 분들이 많다. 바빠 죽겠는데 지금 주식을 사야 할지 팔아야 할지 그런 이야기나 하냐는 표정인 것이다. 그런데 왜 고집스럽게 장기·분산투자의 원칙을 이야기하는가? 대표적인 투자상품인 주식투자의 예를 든다면, 주식투자에 성공하기 위해서는 '시장 리스크'와 '개별 종목 리스크'를 방어해야 하기 때문이다.

여기에서 말하는 시장 리스크란 주식시장 전체가 하락하는 리스크를 말한다. 2020년 3월의 코로나19 사태 직후나 9·11 테러 사태와 같은 해외 요인 때문에 국내시장 전체가 하락하는 경우이다. 이때는 아무리 내용에 비해 저평가된 주식을 갖고 있더라도 주가가 오르기는커녕 계속 하락할 수 있다. 이것이 시장 리스크이다. 그렇다면 시장 리스크는 어떻게 방어해야 하는가? 단기로 투자할 때는 방어할 수 없다. 금융투자회사의 조사자료나 유튜브 등에서는 다음 주 또는 다음 달의 시황 전망만 잘 하면 시장 리스크를 방어할 수 있을 것처럼 말하지만 실제로는 불가능하다고 봐야 한다. 미국의 워런 버핏이나 피터 런치 같은 전설적인 펀드매니저들도 몇 개월 앞의 주가는 예측할 수 없다고 말한다. 2020년 봄 코로나19 사태 발생으로 주가 급락 현상이 올 것을 알 수 있었는가? 또 그런 급락 사태가 언제까지 지속될지 알 수 있었는가? 그런 예측은 불가능하다고 해야 할 것이다. 따라서 갖고 있는 주식이 저평가된 주식이라면 그 시기가 지나 제값을 받을 수 있을 때까지 참고 기다릴 수밖에 없다. 그래서 장기투자를 해야 한다는 것이다.

또 하나의 리스크인 '개별 종목 리스크'는 어느 기업의 주식을 샀을 경우, 그 기업의 고유 요인으로 인해 주가가 변동하는 리스크를 말한다. 기업의 고유 요인으로는, 그 회사가 속해 있는 산업의 성쇠, 경영자의 능력, 수요의 변화, 원재료와 인건비 등 코스트의 변화, 기술의 진보 또는 진부화, 해당 업계에 대한 규제 등을 들 수 있다. 이들 요인의 영향을 받아 해당 기업의 주가가 시장 전체의 움직임과 다른 움직임을 보일 수 있다. 이러한 요인을 조사하여 그 회사의 내용에 비해 저평가되어 있는 주식을 사는 것이 주식투자의 기본인 것이다.

개별 종목 리스크를 관리하기 위해 기본적으로 해야 할 것은 기업 내용에 비해 주가가 저평가되어 있는 좋은 기업의 주식을 고르려는 노력이다. 그러나 아무리 노력을 한다 하더라도 개별 종목 리스크를 100% 방어할 수는 없다. 주가를 움직이는 변수들이 워낙 복잡하고 다양하기 때문이다. 따라서 개별 종목 리스크는 분산투자로 관리해야 한다. 분산투자란 투자 대상 종목을 몇 종목에서 몇

십 종목으로 분산시켜 투자 리스크를 줄이는 방법을 말한다.

예를 들어 항공회사 주식에 투자를 했다고 가정해보자. 항공회사의 수익은 여러 가지 요인에 의해 좌우되지만 가장 큰 영향을 미치는 것은 석유 가격의 동향이다. 석유 가격이 오르면 연료 코스트가 늘어나 항공회사의 수익이 줄고 주가는 하락한다. 그러나 이때 석유회사의 주식에도 같이 투자를 하고 있었다면, 항공회사 주가는 하락을 하더라도, 원유 가격 상승으로 인해 석유회사의 주가는 반대로 상승할 것이다. 양쪽의 주식에 나누어 투자하면 어느 한쪽의 주식에만 투자할 경우보다 투자 리스크가 크게 줄어들게 되는 것이다. 이것이 분산투자의 효과다. 펀드매니저들이 1개의 주식형 펀드에 40~50종목씩을 투자하는 것은 바로 이 종목 분산 효과를 염두에 둔 것이다.

주식 종목 간의 분산투자도 중요하지만 주식(주식형 펀드), 채권(채권형 펀드), CMA 등과 같이 투자 리스크의 정도가 다른 투자 대상에 분산시켜 투자하는 것이 훨씬 더 중요하다. 성공적인 투자를 위해서는 나이, 재산 상태, 가족 상황, 자신의 투자 성향, 투자 기간 등과 같은 자신의 형편을 고려하여, 공격적인 상품과 안정적인 투자상품의 분산 비율을 정한 후에 투자를 시작해야 하는 것이다.

현역 시절에 자산관리를 할 때 또 한 가지 명심하지 않으면 안 될 것이 있다. 자산관리에 지나치게 시간을 쏟아서 본업에 소홀하면 안 된다는 점이다. 직장인의 유력한 수입원은 자신이 하고 있는 일에서 벌어들이는 수입(월급 또는 사업소득)이다. 즉, 한 사람의 인생에서 가장 큰 투자 엔진은 자신의 본업으로부터 얻는 수입이라는 뜻이다. 따라서 직장인들은 투자 포트폴리오를 짤 때 자신의 본업에서 얻는 수입을 가장 중심에 놓고 생각해야만 한다.

직장인들은 근무하는 직장으로부터 매월 일정액의 급여와 6개월 또는 1년에 한 번씩의 보너스, 그리고 퇴직할 때는 퇴직급여를 받는다. 다시 말하면 직장인이 회사에서 하고 있는 일은 그만큼의 수입을 발생시키는 금융자산이라고도 할 수 있다. 따라서 포트폴리오에서 얻는 수입을 가장 크게 하기 위해서는 자기가 맡은 일에서 성공을 거두는 것이 무엇보다도 중요하다. 자신의 직업으로부터 얻는 소득을 높이려는 노력은 게을리하면서 주식투자에 열중하는 방식으로는 결코 성공할 수 없다는 말이다. 주식투자에, 그것도 성공 가능성이 매우 낮은 단기매매에 지나치게 몰두하는 것은 가장 수익성이 높은 자산을 썩히는 결과를 초래할 수 있기 때문이다.

■ step 2. 모아둔 노후자금을 인출해 쓰면서 운용하는 단계 ■

2단계는 퇴직 직후부터 80세 전후까지이다. 이 시기에는, 퇴직을 했기 때문에, 정기적인 급여소득이 없다. 따라서, 생활비의 일부 또는 전부를 모아둔 노후자금 중에서 인출해 쓰면서 남은 자금을 금융상품에 운용해야 한다. 노후자자금을 인출해 쓰면서 운용하는 시기인 것이다. 회사에서는 퇴직했지만 자산운용에서는 아직 은퇴를 하지 않은 것이다. 생활비를 아껴 쓰는 노력을 해야 하지만 운용수익을 올리는 노력도 필요하다. 세계적으로 평균치를 보면 모아놓은 노후자금 총액의 연 4% 정도를 생활비로 인출해 쓰면서 남은 자금은 정기예금리+α 정도의 수익률로 운용하는 걸 목표로 한다. 현재 우리나라의 금리 수준으로 보면 연 4~5% 정도이다. 그만큼 보수적으로 운용하라는 뜻이다. 펀드 같으면 채권 혼합형 펀드에, 주식에 직접 투자할 경우에는 주식의 비율을 노후자금 총액의 30~40% 정도로 낮춰야 한다.

2단계 인출 전략에서 또 하나 중요한 것은 인출 금액을 줄여서 가능하면 많은 자금을 3단계로 이월시키려는 노력이다. 우선, 퇴직 후의 생활비를 줄이는 노력을 해야 한다. 주택 규모를 줄이거나 지방 이전 등을 통해 주거비를 줄이고 경조비, 문화비 등의 기타 생활비를 줄이는 노력이다.

현역 시절에 3층 연금에 가입하여 매월 일정 금액씩을 받을 수 있도록 준비해두었다면 그 금액만큼은 인출 금액을 줄일 수 있을 것이다. 3층 연금 준비가 안 된 경우에는 보유 주택이나 농지를 담보로 주택연금, 농지연금을 받는 방법도 생각해볼 수 있다.

아르바이트 등을 통해 약간이라도 근로소득을 얻는 노력을 하는 것은 더욱더 중요하다. 퇴직 후의 3대 불안인 돈, 건강, 외로움을 해소하는 최선의 방법은 '일'이기 때문이다.

■ step 3. 자산운용에서도 졸업하여 자산을 인출해 쓰기만 하는 단계 ■

이런 노력을 해나가다가 80세 전후가 되면 3단계에 들어서게 된다. 이 시기에는 점차 판단력도 흐려지게 되어 운용에서도 졸업해야 한다. 대부분의 자금을 예금이나 CMA와 같이 원금손실의 염려가 없는 단기금융상품에 넣어놓고 인출해 쓰기만 하는 시기이다. 이 시기에는 무엇보다도 생활비를 아껴서 규모 있게 인출하는 노력이 중요하다. 세상을 떠날 때까지 노후자금이 바닥나지 않도록 해야 하기 때문이다. 자신의 수명보다 노후자금의 수명이 길도록 관리하는 게 퇴직 후 자산관리의 목표인 것이다.

이상과 같은 은퇴 후의 자산관리 전략을 세울 때 유념해야 할 점이 두 가지 있다. 첫째, 퇴직 후의 생존 기간은 상상 이상으로 길다는 점이다. 앞서도 얘기했지만 노후설계를 할 때 평균수명에서 현재의 나이를 뺀 만큼의 기간을 생존 기간으로 상정하고 설계하는 사례가 많은데, 그보다는 생존 확률 20%를 기초로 생존 기간을 상정하는 게 바람직하다. 만약 아내의 나이가 남편보다 3년 아래라면, 남편의 60세 퇴직 후 38년의 생존 기간을 상정하고 설계해야 한다는 뜻이다.

둘째, 퇴직 후의 매월 생활비는 일정 금액이 아닌 '비율'로 계산하는 방법이 바람직하다. 퇴직 후 여유 있는 생활을 하려면 월 300만 원이 필요하다는 식의 자료가 발표되고 있지만 별로 현실적이지 않다. 사람마다 처한 환경이 다르기 때문이다. 목표 대체율을 적용하는 게 합리적인 방법이다. 목표 대체율은 퇴직 후 연간 지출액이 퇴직 직전의 연간 수입액에 대해 어느 정도 비율인가를 나타낸다. 연간 수입이 많을수록 목표 대체율은 낮아지는 게 일반적이다. 예를 들어 퇴직 직전 연수입이 6,000만 원이었던 직장인이 퇴직 후 생활비 목표 대체율을 60%로 잡는다면 퇴직 후 생활비는 연간 3,600만 원, 즉 월 300만 원이 된다.

인생의 고비마다 간접경험이 중요하다

Q **남편이 퇴직한 뒤 집에 있는 시간이 늘면서 부부싸움이 잦아졌어요. 왜 이런 갈등이 생기고, 어떻게 풀어야 할까요?**

A 퇴직한 남편과 아내 사이의 갈등 문제를 다룬 TV 토크 프로그램에 출연한 적이 있다. 패널들에게 주어진 질문 중 하나는 퇴직한 남편이 낮에 집에 있으면 당사자인 남편이나 그 아내 입장에서 불편을 느끼느냐는 것이었다. 남녀 패널들 대부분이 "불편을 느낀다"고 했다. 여성 패널들은 퇴직하고 집에 있는 남편의 수발을 들어야 하는 게 부담스럽고 왠지 속박을 당하는 것 같아 불편하다고 했다. 게다가 남편이 집안일을 해도 너무 서투르고 잔소리까지 하기 때문에 짜증이 나지 않을 수 없다는 것

이었다. 반면에 남성 패널들은 자기 때문에 힘들어하는 것 같은 아내의 눈치가 보여 불편하다는 대답이었다. 집안일을 도와주다가 아주 사소한 실수로 핀잔이라도 듣게 되면 화도 나고 서글픔까지 밀려온다는 이야기였다.

나는 같은 질문에 대해 "특별히 불편을 느끼지 않는다"고 답했다. 우리 집 부부 사이가 유별나게 좋아서 그런 대답을 한 게 아니다. 나도 퇴직하고 집에 있는 시간이 많으면 다른 집에서와 같은 부부 갈등이 생길 수 있을 것이다. 집에 있는 시간이 많지 않기 때문에 갈등이 생길 시간이 없을 뿐이다. 돌이켜보면, 주된 직장에서 퇴직을 한 뒤에도 낮 시간 동안은 뭔가 자기만의 소일거리를 가져야 한다는 걸 미리 생각하고 준비를 한 게 참으로 다행이었다는 생각이 든다. 그런 생각을 하게 된 것은 나에게 간접경험이라고 할 수 있는 계기가 있었기 때문이다.

■ 체면을 버리고 일하는 일본 노인들의 사례 ■

첫 번째 계기는, 1975년 회사생활 3년 차 주니어 시절의 일이다. 그때 운 좋게 일본 도쿄증권거래소에 가서 연수를 받을 기회가 있었다. 당시 일본 전체 인구 중에서 65세 이상 노인인구 비율은 8%였다. 지금 우리나라의 노인인구 비율은 18.4%이다. 다시 말해, 50여 년 전의 일본의 노인 비율은 지금 우리나라의 절반도 안 되는 수준이었다. 그런데 지금 생각해보니 당시 일본의 노인들은 체면을 버리고 일할 준비가 되어 있었다는 생각이 든다. 그때 두 가지 광경을 목격했다. 하나는 도쿄증권거래소에서 본 것이다. 그곳 지하에 주식이나 채권을 보관하는 창고가 있었다. 그 창고를 견학하는데 머리가 하얗게 세서 60~70대로 되어 보이는 노인들 100명 정도가 앉아 주식을 세고 있었다. 놀라서 안내하는 분에게 물어보았다. "저분들은 옛날에 뭘 하던 분들입니까?" 그랬더니 "전직 회사 간부도 있고, 공직자 출신도 있고 다들 한자리 하던 사람들이죠"라고 하는 것이다. 얼마씩 받느냐고 물어보니 시간당 500엔이라고 했다.

또 하나의 광경은 그때 머무르고 있던 비즈니스 호텔에서 목격했다. 일류 호텔이 아니라서 그런지 모르겠지만 오후 5시가 되니까 젊은 직원들은 퇴근하고 할아버지들이 야간 당번으로 교대를 하는 것이다.

그로부터 40년이 지난 2015년 가을에는 일본의 유명 주간지 주간동양경제에 일본의 퇴직자들이 일하고 있는 사례가 소개된 기사를 읽은 일이 있다. 아파트 관리인, 생협지역위원, 회사 고문, 컴퓨터 강사, 가사 대행 서비스 등 우리나라에도 다 있는 일이었다. 특히 아파트 관리인을 하려면 경쟁률이 50:1일 정도로 치열하다고 했다.

이 세 가지 사례만 가지고 일반화할 수는 없지만, 그런 사례들을 보면서 생각을 했다. '나이가 들어서도 뭔가 일을 해야 하는 거구나. 일을 하려면 폼 나고 권한 있는 일은 젊은 사람들에게 주고 저렇게 허드렛일에 가까운 일을 해야 하는 거구나. 나도 오래 살 텐데, 저런 준비를 해두어야겠구나' 하고. 그때 그 장면들을 본 것이 내 인생에 얼마나 도움이 됐는지 모른다. 높은 자리, 연봉 많이 받는 일보다도 나이 들어서도 할 수 있는 일이 무엇일까를 생각해보는 계기가 되었기 때문이다.

■ 베이비붐 세대 대상 은퇴 관련 서적 출판 붐 ■

두 번째 계기는, 일본의 베이비붐 세대(1947~1949년 출생)가 정년퇴직(당시 60세)을 몇 년 앞둔 시점인 2000년대 초의 일이다. 당시 일본에서는 베이비붐 세대를 타깃으로 후반 인생설계 관련 서적 출판이 붐을 이루고 있었다. 그때 나온 책들을 구입하여 읽어본 것이다. 책들의 내용을 요약하면, 노후 대비는 노후자금 몇억 원을 준비하는 것으로 끝나는 게 아니라 장수 리스크, 건강 리스크, 자녀 리스크, 자산구조 리스크, 황혼이혼 리스크 등에 종합적으로 대응해야 한다는 것이었다. 특히, 100세 시대의 가장 확실한 노후 대비는 평생현역이라는 점을 강조하고 있었다. 퇴직 후의 3대 불안

(돈, 건강, 외로움)을 해소하는 최선의 방법은, 수입을 얻는 일이든 사회공헌 활동이든 취미활동이든 자신의 형편에 맞는 일을 찾아야 한다는 것이었다.

그 즈음부터 나는 평생현역을 후반 인생설계의 최우선순위에 두기로 했다. 주된 직장에서 퇴직을 하더라도 거동을 할 수 있을 때까지는 그때그때 나에게 맞는 일을 찾아 낮 시간 동안은 나만의 시간을 갖기로 한 것이다.

세 번째 계기는 2010년대 초부터 일본에서 출판되기 시작한 남편 퇴직 후의 부부 갈등에 관련된 서적들을 읽은 것이다. 당시 도쿄의 서점가에 가면 '은퇴 후 부부가 사이좋게 지내는 법', '퇴직부부 취급 설명서', '무서운 아내, 무용지물 남편 처방전', '은퇴 남편 길들이기'와 같은 제목의 책들이 다수 진열되어 있었다. 왜 이런 책들이 그렇게 많이 나와 있었을까? 남편이 퇴직한 가정의 부부 갈등 문제가 크게 사회문제화되어 있기 때문이었을 것이다. 이 때문에 일본의 노후설계 전문가들은 퇴직을 앞둔 부부들에게 퇴직 후의 부부 화목을 위해 특별한 노력을 기울일 것을 조언하고 있었다. 특히 퇴직 후에도 낮 시간 동안은 가능한 한 부부 각자 자기만의 시간을 가질 것을 권유하고 있었다.

그런데 이런 일본의 사례는 지금 우리나라에서 더 심각하게 나타나고 있지 않나 하는 생각이 든다. 언론을 통해서도, 노후설계 강의 현장에서도 퇴직 후의 부부 갈등에 대한 고민을 너무 많이 듣기 때문이다. 퇴직 후의 부부 화목에 특별한 노력을 하지 않으면 안 된다는 뜻이다. 경제적인 문제나 퇴직자 자신의 보람 있는 삶을 위해서뿐 아니라 퇴직 후의 부부 화목을 위해서도 일을 갖는 게 중요하다는 것이다.

물론, 그동안의 우리나라는 퇴직 후에 마땅히 할 일도 없었다. 또, 하려고 해도 남의 눈 때문에 용기를 내기가 어려웠다. 그런데, 최근 몇 년 전부터는 우리나라도 무섭게 바뀌고 있다. 체면을 내려 놓고 일을 하는 분들이 급속하게 늘고 있다. 얼마 전에 택시를 타고 가면서 만난 기사분은 나이가 60이 넘었는데 외국 회사의 서울 사장을 역임하셨던 분이라고 했다. 사장 시절에는 기사 딸린 고급 승용차를 타며 높은 연봉을 받았다고 한다. 그런데 사장직을 끝내 자마자 목표를 세웠다고 한다. 3년 이내에 개인택시 받을 자격을 취득하겠다는 목표였다. 그때 1년 8개월이 됐다고 했다. 이런 사 례들이 늘고 있는 것이다.

그럼 퇴직 후에 노후생활비 걱정이 없는 분들은 퇴직도 했고 노 후생활비 걱정도 없으니까 놀고 먹으면 되는가? 아니다. 특히 도 시에 사는 사람일수록 퇴직하고 소일거리가 없어서 힘들어하는 분들이 많다. 요즈음 서울 시내 일류 호텔의 헬스클럽에 가보면 왕 년에 공직이나 민간기업에서 고위직에 있던 분들이 많이 나와 있 다. 거기에서 오전 시간 때우고 오후에는 카페 등에서 소일하곤 한 다는 것이다.

그렇다면 선진국에서는 퇴직하고 노후생활비 걱정이 없는 분들의 경우 어떤 일을 하는가? 취미활동 절반, 봉사활동 절반이면서 약간의 거마비 정도를 받을 수 있는 일을 많이 한다. 그 대표적인 게 NPO(Non-Profit Organization) 활동이다. '민간 비영리 조직' 또는 '비영리 활동' 등으로 번역된다. NPO에는 '비영리'의 의미뿐만 아니라 '비정부(nongovernment)'의 의미도 포함되어 있다. 따라서 정부로부터의 독립을 강조할 경우에는 NGO(Non-Governmental Organization)라는 용어를 쓰기도 한다.

NPO 활동과 단순한 자원봉사 활동은 또 어떻게 다를까? 일반적으로 자원봉사 활동은 100% 무보수 활동을 원칙으로 하는 경우가 대부분이지만, NPO 활동은 약간의 보수를 받는 경우까지 포함시킨다. 예를 들어 시간당 적정 임금 수준이 10,000원인데, 4,000원을 받고 일을 한다면, 그 차액에 해당하는 6,000원만큼은 자원봉사로 본다는 것이다. 아무리 자원봉사라 하더라도 100% 무보수로는 오래 지속하기 어렵기 때문에 교통비와 점심값 정도에 해당하는 보수를 지급해서 능력 있는 자원봉사자들이 장기간 활동을 할 수 있도록 하는 것이다. 따라서 미국에서는 NPO에서 일하는 사람들도 취업 인구에 포함을 시킨다. 현재 미국에는 200만 개 정도의 NPO가 활동을 하고 있다. 여기에서 일하고 있는 사람들이 전체 취업 인구의 10% 정도를 차지하고 있을 정도이다. 그 정도로 미국에서는 NPO 활동이 일반화되어 있는 것이다.

이웃 나라 일본도 1995년에 발생한 고베 지역의 대지진 피해를 계기로 NPO의 활성화를 위해 많은 정책적 노력을 해왔다. 가장 대표적인 사례가 1998년에 '특정비영리활동촉진법(NPO법)'을 제정·시행한 것이다. NPO법은 민법의 특별법으로 의료, 복지, 교육, 환경, 문화, 재난구호 등 20개 분야에서 비영리 활동을 하고자 할 경우 10명 이상의 참가자만 있으면 기본 재산이 없더라도 간단한 수속을 거쳐 특정 비영리 활동 법인의 자격을 취득할 수 있도록 한 법이다.

NPO가 법인격을 취득하게 되면 계약의 주체가 될 수 있고, 사회적인 신용도도 높아진다. 수탁사업, 정부 보조금, 기부금 등을 받거나 공적 시설을 이용하는 것도 쉬워진다. 이런 이유로 2025년 9월에는 법인 인증을 받은 NPO가 49,237개에 이르렀다. 정년퇴직을 한 베이비붐 세대들뿐 아니라 20~40대의 젊은 세대들까지도 설립 주체가 되거나 NPO 활동에 참여하는 사례가 늘고 있다.

지금 우리나라 또한 그런 시대를 향해 가고 있다. 나는 퇴직 후 어떤 일을 할 것인가? 미리미리 생각해보고 현역 시절부터 준비를 해야 한다는 것이다.

우리는 인생을 살아가면서 세 번의 정년을 맞이하게 된다. 첫 번째가 고용 정년이다. 법정 정년 60세에 퇴직한다 해도 대부분의 퇴직자들은 매우 건강하다. 그래서 퇴직 후에도 수입을 얻는 일이든, 자원봉사나 취미활동이든, 스스로 정해서 하는 일의 정년이 있다. 그리고 마지막으로는 하느님이 불러 가는 인생 정년이다.

고용 정년, 일의 정년, 인생 정년. 이 세 번의 정년을 어떻게 맞이할 것인가? 이런 준비를 하고 사는 게 재테크보다 훨씬 더 중요하다. 가장 확실한 노후 대비는 재테크가 아니고 평생현역이라는 뜻이다.

평생현역의 꿈을 실천하려면?

퇴직을 앞두고 있는 50대 중반의 직장인입니다. 저도 평생현역을 하고 싶은데 요즘같이 청년실업이 넘쳐나는 시대에 어떤 노력을 해야 평생현역이 가능할까요?

"퇴직 후 3대 불안(돈, 건강, 외로움)을 해소하는 최선의 방법은 일을 갖는 것입니다. 그것이 수입을 얻는 일이든, 사회공헌 활동이든, 취미활동이든, 혹은 이 셋을 결합한 일이든 말이지요. 그런 의미에서 가장 확실한 노후 대비는 평생현역입니다."

노후설계 강의장에서 이런 얘기를 하면 많은 참가자들이 수긍하는 표정을 짓는데 가끔은 화를 내는 참가자도 있다. "아니, 누가 일을 하기 싫어서 안 하나요? 일만 줘보세요. 일이 없잖아요?” 이런 반론을 제기하는 것이다.

청년실업이 넘쳐나고 있고, 있던 직업도 사라지는 시대이다. 그러니 퇴직자들에게 돌아갈 일이 없지 않은가? 사실 그렇다. 그래서 퇴직자들이 일을 하려면 현역 세대들이 할 수 없는 일이거나 할 수 있다고 하더라도 하려고 하지 않는 일을 할 수밖에 없다는 마음가짐이 필요하다. 가장 바람직한 건 현역 세대가 할 수 없는 일을 하는 것이다. 현역 시절에 해온 일과 미래의 직업을 연결시켜서 새로운 일을 만들어내는 것이다. 지금은 수많은 일자리가 사라지면서 동시에 새로운 일이 생겨나는 이른바 창직의 시대이기 때문이다. 창직이란 ‘기존에 없던 직업이나 직종을 새롭게 만들어 쓰거나 재설계하여 새로운 개념의 직업·직종으로 만들어 낸다’는 뜻이다. ‘창직 전문가’라는 명함을 갖고 일하는 사람도 있다. 창직연구소, 창직교육원, 창직협회, 창직 전문가 과정과 같은 단체도 생겨나고 있다. 저출산·고령화, 여성의 경제활동인구 증가, AI 등 첨단과학기술의 발전, 판매·의료 등 서로 다른 산업의 융합화 추세 등을 감안할 때 앞으로 창직의 대상이 될 직업·직종 또한 다양하게 나타날 것이다.

5년마다 발표되는 ‘한국직업사전’에 등재된 우리나라 직업의 수는 1969년의 경우 3,260개였는데 2019년에는 1만 6,891개로 늘어났다. 같은 시기 일본의 직업 수는 25,000개, 미국은 30,654개였다. 우리나라도 현재 직업 수는 훨씬 더 늘어났을 것이다. 최근 몇 년 사이 아이패드 화가, 반려동물 장의사, 인터넷 장의사, 정리 컨설턴트와 같은 직업이 생겨났다는 말을 듣기도 했다.

창직 전문가인 맥아더스쿨 정은상 교장 같은 경우는 십수 년 전부터 스마트기기와 페이스북 등 SNS를 활용하여 은퇴자들의 창직 지원 활동을 해왔다. 그동안 만들어낸 직업만 해도 퍼스널 브랜드 코칭을 통해 베이비부머들의 인생 이모작을 안내하는 자신의 일을 포함해 아이패드 닥터, 포토북 전문가, 여가생활 코치, 모바일 쿠킹 스쿨, 토론학교 등 10여 개에 이른다고 한다.

필자 또한 50여 년 전 금융투자업계에 입문할 때는 퇴직 후 노후설계 교육 활동을 하리라고는 상상도 못 했었다. 창직의 경험을 했기 때문에 가능하지 않았나 생각된다. 쑥스럽지만 창직에 대한 이해를 돕기 위해 그 경험을 소개한다. 2000년대 초 펀드를 운용하는 한 자산운용사의 CEO를 맡고 있을 때의 일이다. CEO 업무를 하면서 보니 펀드 비즈니스가 성공을 하기 위해서는 운용만 잘해서 되는 게 아니었다. 투자자들이 단기시황 전망에 쫓겨 빈번하게 샀다 팔았다를 반복해서는 안 되고 장기투자, 분산투자의 원칙을 지키도록 설득하는 게 중요하다는 생각을 하게 된다. 그런 문제의식을 갖고 미국, 일본의 자산운용업계를 살펴보았다. 투자 교육 활동을 하고 있다는 걸 알게 되었다. 마케팅 활동의 일환으로 그 일을 시작했다. 이후 베이비붐 세대들의 퇴직이 가까워지면서 노후설계에 대한 질문도 받게 됐고, 대답을 하기 위해서 공부를 하지 않으면 안 되었다.

CEO에서 물러나면서 다른 데서 CEO 자리를 구해 몇 년 더 하는 것보다는 투자 교육·노후설계 교육을 라이프워크로 하는 게 좋겠다는 판단을 했다. 한 금융그룹에 투자교육연구소 설립을 제안했다. 이때의 경험을 통해 제안력의 중요성을 깨닫게 됐다. 그 제안이 받아들여져 지금까지 20년 넘게 이 일을 해오고 있는 것이다.

투자 교육, 노후설계 교육 활동을 해오던 중 2020년에 코로나19 사태를 만나게 된 것도 새로운 계기였다. 강의 활동, 세미나 활동이 순간적으로 사라져버렸다. 그런데 그때 유튜브를 만났다. 유튜브 영상을 찍어서 올려보니 영상에 따라서는 조회 수가 수백만 회가 넘게 나오는 것이다. 1년에 대면 강의를 200회 한다 해도 1회에 평균 50명을 대상으로 한다면 1년에 1만 명 정도밖에 들을 수 없다. 그런데 유튜브는 한 번에 100만 명 넘게도 들을 수 있다. 투자 교육, 노후설계 교육에서 유튜브의 위력을 깨닫게 된 순간이었다.

물론 '창직'이라는 게 말처럼 쉬운 일은 아닐 것이다. 필자의 경험 또한 우연의 산물인지도 모른다. 그러나 직장인이 끊임없이 시대의 변화를 읽고 새로운 일을 만들어내거나 개선하려는 노력을 해나간다면 자신도 모르는 사이에 그 노력은 창직으로 이어질 수 있다. 그 새로운 일을 통해 기존의 직장에서 보다 유리한 위치에 설 수도 있고, 스카우트되어 갈 수도 있다. 또, 퇴직 후에는 재취업

이나 프리랜서 또는 창업으로 이어질 수도 있다. 평생현역의 꿈을
이룰 수 있게 되는 것이다.

노후에 어디에서
누구와 어떻게 살 것인가?

퇴직 후 아내랑 고층 아파트에 살고 있습니다. 그런데 노후에는 고층 아파트에 살지 말라고 하더군요. 이유가 뭘까요?

지금과 같은 100세 시대에는 노후에 어디에서 누구와 어떻게 살 것인가에 대해서도 현역 시절부터 미리미리 생각해보고 준비하지 않으면 안 된다. 자녀들이 부모하고 같이 살다가 독립해서 나가면 대부분의 가정이 부부 둘만 남게 되기 때문이다. 부부 둘만 살다가 한 사람이 아플 수도 있다. 부부 간병기라고 그런다. 그러다 한 사람 떠나고 혼자 남는다. 나중에는 혼자 남는 사람도 아프다가 떠나게 된다. 30~40년 사이에 그런 일이 생기는 것이다. 그 과정, 과정별로 나는 어디서 누구와 어떻게 살 것인가? 이 문제를 미리미리 생각해봐야 한다는 것이다.

그런데 우리나라 많은 부모 세대들의 생각은 다른 것 같다. 딸이 시집갈 때쯤 되면 큰 집으로 이사 가려고 한다. 그래야 사돈네들 보기에 폼도 나고 대형 아파트가 재테크 수단도 된다는 이유 때문일 것이다. 그러나 최근 들어서는 대형 아파트에 대한 생각도 많이 바뀌고 있다. 왜 그럴까? 2020년 말 우리나라의 가구 수는 2,096만 가구였다. 그중에서 1인가구와 2인가구를 합친 비율이 1980년도만 해도 15%밖에 안 됐다. 이것이 2023년에는 64%로 늘었다. 2045년이 되면 70% 정도가 혼자 아니면 둘이 사는 세상이 올 것으로 예상된다. 이웃 나라 일본은 이미 오래전에 이 비율이 60%를 넘었다. 우리나라도 일본도 대부분의 가정이 혼자 아니면 둘이 사는 시대가 오고 있는 것이다. 그런데 아직도 재건축한다 하면 "몇 평 늘어나죠?" 이것부터 물어보는 습관이 있다. 앞으로도 과연 그럴 필요가 있을 것인가?

1인가구 + 2인가구의 비율

한국			일본	
1980년	2023년	2045(예측)년	2015년	현재
15%	64%	71%	62%	?

자료: 통계청, 일본 인구총조사(2017년 기준)

노년에 고층 아파트에 사는 문제도 신중하게 생각해봐야 한다. 유난히 고층 아파트를 좋아하는 사람들이 많기 때문이다. 8년 전쯤 일이다. 오하라 레이코라는 일본의 국민 탤런트가 사망을 했는데 사흘 만에 발견됐다는 기사가 보도된 일이 있다. 이른바 고독사이다. 일본이 발칵 뒤집혔다. 어느 현(도)의 뉴타운 단지 하나를 조사해봤더니 그전 3년 동안에 고독사한 사람이 25명이었다. 그 사람들이 사망 후 발견될 때까지 걸린 시간은 평균 21.3일이었다고 한다. 얼마나 비극적인가?

발표된 자료는 없지만 우리나라에서도 같은 조사를 해보면 비슷한 사례가 있을 것이다. 왜 이런 일이 생기는가? 사람이 들락날락하는 데 살지 않기 때문이다. 자녀들하고 같이 살지 않으면 이웃집만한 복지시설이 없다. 그런데 30층이나 40층에 혼자 아니면 둘이 살고 있을 경우 누가 자주 찾아오겠는가?

■ 아파트의 슬럼화 ■

아파트의 슬럼화 문제에 대해서도 한 번쯤 생각해봐야 한다. 최근에 일본의 시미즈 지히로 니혼대학 교수가 쓴 '빅테이터를 통해서 본 일본 부동산 시장의 미래'라는 자료를 읽은 일이 있다. 이 자료에 의하면, 일본의 노후화된 아파트들이 재건축을 못해서 슬럼화되어 가고 있다는 것이다. 아파트를 구분소유 주택이라고 부르는데 구분소유 주택을 재건축하려면 주민의 80% 동의를, 완전 철거를 하려면 100% 동의를 얻어야 한다. 그런데 그만큼의 동의를 얻는 건 불가능에 가깝다. 재건축의 경제성, 소유주의 고령화, 상속된 아파트일 경우 상속자들 간에 합의가 어렵다는 점 등이 그 이유이다. 재건축에 성공하기 위해서는 2가지 조건이 충족되어야 한다. 첫째는 위치가 좋아야 하고, 둘째는 저층이어야 한다. 고층으로 만들면서 비용을 빼야 하기 때문이다. 그런데 위치가 좋지 않거나, 위치가 좋다고 하더라도 이미 고층이면 재건축이 어렵다. 오죽하면 지금까지 재건축에 성공한 아파트의 80%는 지진으로 붕괴되어 저절로 주민들의 동의를 얻을 수 있었던 아파트일 정도이다. 재건축을 못한 아파트들은 슬럼화되고 빈집 예비군이 될 수밖에 없다. 이들 노후화된 아파트는 그 자체의 문제만으로 끝나는 게 아니다. 주위의 지가에도 영향을 미친다. 한 조사자료에 의하면, 어느 지역에서 건축된 지 20~25년 정도 지난 아파트가 1% 증가하면 그 지역의 지가를 4% 정도 하락시키는 것으로 나타났다.

그런데, 문제는 우리가 지금 일본의 아파트 슬럼화 문제를 걱정할 때가 아니라는 점이다. 왜 그런가? 아파트의 슬럼화가 문제라고는 하지만 일본은 전체 주택 중 높이 6층 이상인 아파트의 비율이 10% 정도에 지나지 않는다. 반면에, 우리나라는 어떤가? 2020년 통계청 인구주택 총 조사 결과에 의하면 전체 주택 중 아파트의 비율이 63%에 이르는 것으로 나타났다. 이 비율은 앞으로도 계속 높아질 것으로 예상된다. 형편만 되면 아파트에 거주하고 싶어 하는 사람들이 많기 때문이다. 지방 도시를 지나면서 벌판에 고층 아파트가 서 있는 걸 보면 10년, 20년 뒤에 우리 손주들이 그 아파트들을 처리하는 문제로 얼마나 고생을 할까 걱정이 되기도 한다.

■ 늘어나는 빈집들 ■

2019년 3월 자료수집 차 일본 도쿄의 서점에 들렀다가 쇼킹한 제목의 책을 한 권 구입한 일이 있다. 〈負(빚)동산시대: 마이너스 가격이 되는 주택과 토지〉라는 제목의 책이다. 가격이 제로(0)가 될 수는 있겠지만 어떻게 마이너스가 된다는 건가? 주택이나 토지 소유주가 관리비, 세금 등을 내는 게 싫어 팔려고 내놔도 팔리질 않으니까, 오히려 한화로 500만 원 정도를 얹어서 내놓고 있다는 것이다. 일본의 아사히신문이 1년 동안 그런 사례들을 취재·연재한 내용을 엮어 출판한 책이다. 책 내용 중 특히 주목되는 건 가격을 산정할 수 없는 빈집이 계속 늘고 있다는 것이었다.

2018년 9월 말 현재 일본의 빈집은 846만 채로 전체 주택 수의 13.6%에 이른다. 빈집을 종류별로 보면 임대용 주택이 431만 채(50.9%), 매각용 주택이 29만 채(3.5%), 별장과 같은 2차적 주택이

38만 채(4.5%), 임대용도 매각용도 아닌, 방치되어 있는 기타 주택이 347만 채(41.1%)이다. 이 중에서 가장 큰 문제가 되는 건 방치되어 있는 빈집이다. 물론, 임대가 안 되고 팔리지도 않아 비어 있는 임대용 빈집이나 매각용 빈집도 문제이지만, 이런 주택들은 소유주가 나름대로 유지·관리할 가능성이 높다. 그러나 그 외 빈집은 제대로 관리가 되지 않고 방치되어 있기 때문에 언젠가 범죄나 화재 발생 등과 같이 주거환경에 영향을 미치는 '문제적 빈집'으로 바뀔 위험성이 크다. 그런 빈집이 347만 채나 된다는 것이다. 그런데도 주택 공급은 계속 늘고 있다. 2023년에 일본 전국의 빈집 수가 900만 채로 늘어났고, 일본 노무라종합연구소는 2033년이 되면 일본의 주택 3채 중 1채가 빈집이 되는 주택 과잉 사회가 될 거라는 예측 자료를 내놓기도 했다.

보통 빈집이라고 하면 농촌 지역이나 지방 도시의 인구가 줄면서 생기는 거라고 생각하기 쉬운데 그렇지 않다. 도쿄 수도권에도 빈집이 늘고 있다. 예를 들어, 도쿄에서 30km 떨어진 타마 신도시는 1970~1980년대에 신도시 붐을 일으켰던 위성도시이다. 도쿄로의 접근성과 도로, 학교, 공원 등의 기반 시설이 완비된 점을 장점으로 내세워 홍보를 한 데다가 저금리와 주택경기 부양책에 힘입어 인기리에 분양됐다. 그런데 40년이 지난 지금은 이 도시가 노인들만 남아 있거나 한 집 건너 비어 있는 빈집 타운이 되어 있다.

인구 감소, 인구 고령화 등으로 이렇게 빈집이 늘어나고 있는데도 구미 선진국에서와 같은 기존 주택의 공동화 방지 대책은 없이 매년 90만 채 이상의 주택이 신축되고 있다. 이른바 신축 편중 정책이다. 주택 건설업자는 속성상 핑계만 있으면 신규 주택을 지으려 하고 주택 구입자 또한, 인식이 많이 바뀌었다고는 하지만, 아직도 주택은 자산이라는 생각으로 내 집 마련에 애착을 갖고 있기 때문이다.

그렇다면 우리나라의 빈집 문제는 어떤 상황인가? 2025년 5월 어느 일간지 기사에 따르면, 2023년 전국 총 주택 수의 7.9%에 해당하는 153만 5,000채가 빈집인 것으로 나타났다. 2015년 대비 43.6%나 늘어난 숫자이다. 빈집 문제가 남의 이야기가 아니라는 뜻이다. 빠른 속도로 일본의 뒤를 따라가고 있다. 농가주택뿐 아니라 도심에도 빈집이 생기고 있다. 신도시 개발 등으로 젊은 층들이 원도심에서 신도심으로 이주하면 원도심의 인구가 줄어들게 된다. 원도심을 떠나지 않은 주민들은 고령층이거나 고령 1인가구인 경우가 많다. 이들이 사망한 후 상속인이 주택을 물려받지 않으면 빈집이 되는 경우도 적지 않다.

이처럼 늘어나는 도심 내 빈집은 지역 경관을 훼손시키는 등 적잖은 부작용을 낳고 있다. 문제는 빈집이 매년 증가하는 추세인 데다 고령화와 인구감소 등을 감안할 때 지속적으로 늘어날 가능성이 높다는 점이다. 민관이 협력해 도심 빈집을 적극적으로 활용할 수 있는 방안 마련이 시급하다는 지적이 나오고 있는 이유이다.

고령화 시대, 1인가구 시대에는 주택의 형태가 달라져야 한다고 주장하는 건축가가 있다. 2009년에 입주한 판교 타운하우스를 설계한 일본인 건축가 야마모토 리켄이다. 사람들이 '내 집'을 꿈꾸는 동안 주택은 밀실이 되고, 주변 환경은 황폐해졌으며, 지역사회는 이기적인 집단으로 변해버렸다고 진단한 그는 지역사회권, 이른바 '동네 공동체 형성'을 제안했다. 동네 공동체란 각 개인이 최소한의 전용 공간과 최대한의 공유 공간을 갖는 공동체를 말한다. "개인의 취미나 특기를 다른 사람을 위해 활용할 수 있는 환경을 만들어야 한다. 주거 공간이 변화하면 이웃이 아이를 잠깐 맡아주거나, 주말 목수가 되거나, 외국어 강의를 진행하는 등의 일을 할 수 있는 환경이 자연스럽게 만들어질 수 있다. 그러기 위해서는 주택단지나 뉴타운, 공영주택 등 집합주택에 개방 공간이 더 늘어야 한다"는 게 그의 주장이다.

"원래 한국의 전통가옥도 외부에 개방된 부분과 사생활을 지키는 부분으로 나뉘어 있었다. 그런데 그런 주택이 사라지고 모두 밀실 같은 주택이 됐다. 고령화 시대, 1인가구 시대에 그런 밀실 같은 주택은 더는 바람직하지 않다." 판교 타운하우스 설계를 요청받고 한국의 주택사정을 살펴본 뒤 그가 내린 결론이다. 그리하여 모든 주택의 현관 사방을 유리로 설계했다. 그러나 그의 생각과는 달리 판교 타운하우스는 분양 당시 큰 어려움을 겪었다. 밀실에 익숙해 있어서 개방형을 꺼렸던 주민들의 반발을 샀기 때문이다. 하지만 시간이 지나면서 점차 주민들의 생각이 바뀌어갔다. 주민들은 그에게 감사 메일을 보내기도 하고 입주 10년 후에는 그를 초청하여 파티를 열기도 했다. 입주하여 10년을 살아보니 지금과 같은 고령화 시대, 1인가구 시대에 이웃과 함께하는 삶이 너무나 행복하기 때문이라고 한다.

2013년 준공, 입주한 강남구 자곡동의 강남 보금자리 주택지구도 우리의 주거문화에서 사라진 마당과 사랑방을 새로운 형태로 만들어 함께 공유하자는 목적으로 야마모토 리켄 건축가가 설계한 곳이다. 그런데 여기 또한 처음에는 입주민들에게 외면을 당했다가 시간이 지나면서 이해를 얻게 된 사례로 알려졌다. 이들 두 사례 모두 고령화 시대, 1인가구 시대에 노년을 보낼 주거형태를 결정하는 데 참고로 해야 할 사례가 아닌가 생각된다.

자녀에게 올바른 자립 교육을

초등학생 자녀를 둔 맞벌이입니다. 노후설계 최대의 적이 자식이라는 말을 듣고 조금 놀랐습니다. 자녀 리스크는 어떻게 대비해야 할까요?

저성장·고령화시대를 맞이하면서 자녀 리스크를 걱정하는 부모들이 늘고 있다. 아니, 사랑스러운 자녀들이 무슨 리스크 요인이란 말인가? 이 말인즉슨 가령, 노후자금에 대한 대책도 없이 자녀 관련 비용을 과다 지출했는데 노후에 자립하지 못한 자녀의 생활비까지 떠안게 된다면 그 생활이 얼마나 힘들겠는가? 이야말로 자녀 리스크의 전형적인 사례라고 할 수 있을 것이다.

실제로 2024년 미국 CNN 방송이 중국 민간 싱크탱크 위와인구연구소가 발간한 〈2024년 중국 양육비용 보고서〉를 인용해 보도한 바에 따르면, GDP 대비 0~18세 자녀 양육비 비율이 세계에서 가장 높은 나라는 한국으로, 무려 7.8배에 달했다. 2위는 중국(6.9배), 3위는 이탈리아(6.3배)였다. 미국은 8위(4.1배), 일본은 7위(4.3배)였다. 계산 방식에 대한 논란이 있다 해도, 한국이 소득 대비 자녀 양육비를 과도하게 지출하는 상위권 국가라는 사실만은 분명하다. 문제는 이렇게 많은 비용을 들이고도 그 지출이 자녀들의 '자립'으로 이어지지 못한다는 점이다.

우리나라의 대학 진학률이 74.9%(2024년)인 점을 감안하면 대졸 취업률이 중요한 자립 지표의 하나라고 할 수 있겠는데, 2024년 12월에 발표된 대졸자의 취업률은 70.3%에 지나지 않았다. 여기에서 군 입대자, 대학원 진학자 등을 제외하면 실질 취업률은 60%대로 낮아질 것이다. 2024년 4월 일본 대졸자의 취업률이 98%에 이른다는 점을 감안하면 우리나라의 취업난이 얼마나 심각한 상황인가를 알 수 있다. 이런 취업난의 영향이겠지만, 2023년 통계청 발표에 의하면 현재 일도 없고 일을 찾을 생각도 안 하는 이른바 '그냥 쉬는' 2030세대는 67만 3,000명에 이르렀다. 이 중 63%에 해당하는 42만 8,000명은 생활비를 부모에게 의존하고 있는 것으로 나타났다. 성인 전체로는 그 숫자가 훨씬 더 늘어날 것이다. 그렇다고 지금과 같은 취업난이 단기간에 개선될 가능성도 그리 커 보이지 않는다.

부모 입장에서 이와 같은 자녀 리스크를 줄이는 방법은 무엇인가? 무리하게 사교육을 시켜 일류 대학에만 보내려 할 게 아니라 자녀들이 성인이 된 후 확실하게 자립을 할 수 있도록 경제적 자립 교육을 시키는 일이 훨씬 더 중요하지 않을까 생각된다. 경제적으로 자립하지 못하면 평생 부모나 또 다른 누군가에게 얹혀살면서 폐를 끼칠 수밖에 없기 때문이다. 그래서인지 최근 들어 자녀들에게 재테크 교육을 시켜야 한다는 부모들이 늘고 있다. 물론 자녀들에게 올바른 경제·금융 교육을 시키는 것은 참으로 바람직한 현상이다. 그런데 여기에서 한 가지 유념해야 할 것은, 진정한 경제적 자립이란 돈을 버는 능력의 배양만을 의미하는 게 아니라는 점이다. 경제적으로 자립하기 위해선 주어진 경제적 상황에 자기 자신을 맞추어 넣는 능력을 기르는 것이 중요함을 명심해야 한다.

그중에서도 중요한 것은 '절약'이다. 자산관리 강의를 하면서 절약을 이야기하면 많은 분들이 실망스러운 표정을 짓는다. 돈 버는 방법이나 주식 대박 종목 하나쯤 골라줄 것을 기대하고 왔는데 절약을 하라니 '세상에 그걸 모르는 사람이 어디 있느냐'는 듯한 표정이다. 그러나 그렇지 않다. 지난 30~40년 동안 우리가 고성장시대, 아주 특별한 시대를 살아왔기 때문에, 우리는 아낀다고 생각하지만, 미국이나 일본과 같은 선진국 사람들의 눈으로 보면 우리에게 낭비 요인, 거품 요인이 너무나 많기 때문이다. 따라서 부모 자신은 물론 자녀들에게도 주어진 경제적 상황에 맞춰 사는 방식을 가르치지 않으면 안 된다.

주어진 경제적 상황에 자기 자신을 맞춰 넣는 능력을 기르기 위해서는 '의식의 자립'이 선행되어야 한다. 의식의 자립이란 진정한 자립의 걸림돌이 되는 세상의 그릇된 풍조나 관습에 자신의 의식이 종속되지 않는 것을 말한다. 특히 우리 사회에는 그릇된 체면문화가 지배를 하고 있다. 중산층의 기준을 봐도 아파트는 30평 이상, 자동차 2,000cc 이상, 예금 잔고 1억 원 이상, 해외여행 연 1회 이상 등과 같이 남의 눈을 의식한 기준이다. 반면에 지금 선진국에서는 작은 집 갖기 운동 즉, 스몰하우스 운동이 일고 있다. 또 어떤 사람이 갑자기 고급 승용차를 사면 졸부 또는 깡패가 아니냐고 비웃음을 살 정도라고 한다. 선진국에서 중산층이라고 하면 자신의 주장에 떳떳할 것, 페어플레이를 할 것, 정기적으로 비평지 하나 정도 받아볼 것 등과 같이 '내면으로 성숙된 사람인가'를 기준으로 한다고 한다. 남의 눈을 의식하지 않고 자신의 눈으로 삶을 살 수 있어야 한다는 뜻이다.

행위의 자립 또한 중요하다. 한마디로 남의 손을 빌려 자기 일을 행하지 않는 것이다. 자신이 앉아 있던 자리의 쓰레기는 자기가 치워야 한다. 예전보다는 많이 달라졌지만 아직도 대중목욕탕에 가보면 바닥에 타월이 내팽개쳐져 있는 것을 볼 수 있다. 누군가가 자기가 치워야 할 것을 치우지 않았기 때문이다. 직장에서 누군가가 일을 하면 그게 못미더워서 다른 사람이 가서 확인해야 하는 경우가 있다. 나의 자녀가 그렇게 행위의 자립이 안 되어 있다면 그 자녀의 장래는 어떻게 되겠는가? 어릴 때부터 이상과 같은 올바른 자립 교육을 시키는 것이야말로 자녀 리스크에 대비하는 근본적인 대책이 아닐까 생각된다.

2

PART

실패하지 않는 마법의 돈 굴리기

적립식 투자로 목돈 만들기

적립식 투자로 자산을 불리고 싶은데, 장기적으로 안정적이면서 수익이 기대되는 투자처가 있을까요?

독자는 적립식 투자를 하도 많이 들어서 '왜 또 적립식 투자를 설명하지?'라는 의문이 들 것이다. 적립식 투자는 단순히 목돈을 만드는 방법을 넘어 제대로 된 투자의 시작이라는 큰 의미를 갖는다. 어릴 때를 기억해보자. 절약 저축의 습관을 들이기 위해 '적금 통장'을 만들었을 것이다. 통장을 만들면서 '앞으로는 절약하거나 일해서 번 여윳돈은 적금에 넣어 돈을 불리자'라는 다짐도 했다. 적립식 투자도 마찬가지이다. 여윳돈이 생길 때마다 계획된 투자를 하는 습관을 만들어준다.

적립식 투자는 간단해 보이지만 그 투자 대상은 신중히 선택해야 한다. 적립식 투자는 돈이 들어올 때마다 일정액씩 주식이나 펀드 등을 매수하는 것이다. 가격이 낮아진 상태에서 투자가 이뤄졌다면, 가격 회복 시 평균 매입 단가 하락의 효과를 보게 된다. 여기서 중요한 것은 가격 회복력이 있는 것에 투자해야 한다는 점이다. 또 장기적으로는 가격이 우상향해야 한다.

이런 자산이 실재하는가에 대해서는 오랜 논의가 있었는데, 아마도 국내에서는 서울 강남의 아파트가 해당되고, 주가지수로는 미국의 다우30산업지수(이하 다우지수), NASDAQ지수가 해당될 것 같다. 채권은 넣기 어렵다. 오랜 기간의 투자에도 부도나지 않으려면 국채처럼 신용등급이 높은 것에 투자해야 하는데, 그런 채권의 수익률은 저축은행 예금 금리보다 낮은 경우가 많고, 투자 대상으로 삼기도 어렵다.

서울 강남의 아파트 가격은 장기적으로 더 오를지, 내릴지는 나중에 생각하더라도, 소액으로는 이런 것에 투자할 방법이 없다. 현실적으로 적립식 투자는 주식이나 주식 관련 금융상품을 대상으로 한다. 주의할 점은 개별 기업의 주식이나 업종 지수 등은 가격 복원력이 충분치 않다는 점이다. 주식시장 전체를 대상으로 하는 주가지수 정도는 되어야 가격 복원력이 있다. 주가지수는 국가 경제지표의 하나이며, 국민 개개인의 재산이나 퇴직연금, 국민연금 등도 투자하는 중요한 금융자산의 기준이다. 정부도 주가지수의 폭락은 심각한 문제로 보고 방어하려고 한다.

주가지수도 국가별로 있으니 어느 국가를 택하냐의 고민도 해야 한다. 대개 최선진 경제 국가를 택하며 현재로는 미국 주가지수를 택한다. 이런 이유로 많은 사람들이 미국 다우지수, S&P500지수, NASDAQ100지수 등을 추종하는 ETF를 여윳돈이 생길 때마다 매수하고 있다. 특히 다우지수는 단순히 시가총액 비례 방식으로 만든 것이 아니고, 각 업종을 대표하도록 업종별 대표주를 모은 것이다. 반도체 대표 종목을 인텔에서 엔비디아로 교체한 것을 보면, 종목의 편입과 편출이 펀드처럼 잘 이뤄진다는 것도 알 수 있다. 다우30 종목은 '글로벌 독점력을 가진 대기업을 업종 분산해서 모아놓은 펀드'라고 말할 수 있다.

최선진국 경제의 주가지수는 항상 가격 복원력이 있고 우상향할까? 가장 오랜 주가지수인 다우지수를 살펴보면, '아니다'는 답이 나온다. 1962~1982년의 다우지수는 800포인트 부근에서 횡보하였다. 이때는 미국이 베트남전쟁, 석유파동, 닉슨 대통령 사임 등의 큰 어려움을 겪었기 때문이다. 적립식 투자가 평생에 걸친 투자라면 미국 주가지수로도 불안하다. 투자 전문가 집단인 자산운용사에서는 평생에 걸친 주식투자를 가정할 때 어떤 것을 투자하는지를 벤치마킹하는 것도 좋다. 젊어서부터 은퇴시점까지 투자를 관리해준다며 만든 Target Date Fund에서는 주식투자에 대해 MSCI 선진국 지수 등에 관련된 ETF를 많이 쓰고 있다. 한 나라를 넘어, 경제 선진국들의 주가지수를 통합해 계산하는 것이다. 적립식 투자를 평생에 걸쳐 단일자산에 한다면, MSCI 선진국 지수 ETF 같은 것을 투자 대상으로 하길 권한다.

주가지수 ETF로 적립식 투자를 할 경우, 가격 등락을 확대한 레버리지를 쓸 것이냐의 문제가 있다. 레버리지 ETF는 일간 등락률을 특정 배수로 늘려 추종하는 것이다. 주가지수가 2% 움직였으면, 2배수 레버리지 ETF 가격은 4% 움직이고, 3배수 레버리지 ETF 가격은 6% 움직이게 된다. 원래의 주가지수가 등락을 거쳐 원위치할 경우 레버리지 ETF의 가격은 그보다 좀 낮아지는 문제가 있는데, 이 때문에 장기로 투자할 경우에는 불리한 면이 있다고 한다. 이에 대해서는 뒤 별면에 나오는 '레버리지 ETF 적립식 투자로 3배 벌고 이를 유지하기'에서 자세히 다루겠다.

장기 투자로 수익률 높이기

좋은 종목을 사도 주식시장 폭락 때 버티기 어렵습니다. 장기 투자로 안정적인 수익을 내려면 어떻게 해야 하나요?

투자 기간과 수익 이야기를 할 때 가장 자주 나오는 개념이 바로 '복리의 마법'이다. 먼저 복리란 무엇인지 살펴보자. 복리는 단순히 원금에만 이자가 붙는 것이 아니라, 발생한 이자에도 시간이 지나면서 다시 이자가 붙는 방식이다. 이 과정을 수식으로 계산하면 지수 함수적으로 값이 증가한다. 그래서 초반에는 변화가 크지 않아 보이지만, 시간이 충분히 지나면 엄청난 차이를 만들어낸다.

예를 들어 연간 복리 이자율이 100%라고 하자.

- 1년 뒤에는 원금의 2^1 = 2배,
- 2년 뒤에는 2^2 = 4배,
- 3년 뒤에는 2^3 = 8배가 된다.

그리고 10년 뒤에는 2^{10} = 1,024배가 된다.

이처럼 투자 기간이 길어질수록 단순한 직선 증가보다 훨씬 빠른 속도로 자산이 불어나기 때문에 '복리의 마법'이라 불린다.

조금 더 자세히 보자. 9년 차 말에는 원금의 512배가 되고, 마지막 10년째 1년 동안 다시 100%가 붙으면서 512배가 추가되어 1,024배가 된다. 즉 10년 뒤 금액의 절반은 마지막 한 해 동안 만들어진 것이다. 만약 9년째에 투자를 멈췄다면 512배에서 끝났을 것이다. 이처럼 복리는 시간이 길어질수록 수익 차이를 크게 만든다. 그래서 세계적인 부자들은 대체로 고령인 경우가 많다.

주식은 채권이나 부동산보다 장기 평균 수익률이 높아 복리 효과를 활용하기에 대표적인 투자 대상이다. 하지만 개별 종목을 골라 장기간 투자하기는 쉽지 않다. 이유는 크게 두 가지다.

첫째, 기업 자체의 존속이 어렵다. 요즘은 100세 시대라 사람의 수명은 길어졌지만, 세상 변화가 빨라지면서 기업의 평균수명이 오히려 짧아지고 있다. 2025년 1월 하나금융연구소 자료에 따르면 한국에는 100년 이상 된 기업이 16개뿐이다. 미국 S&P500 기업도 1980년에는 평균수명이 36년이었는데, 2020년에는 18년으로 줄었다.

둘째, 주가의 큰 변동성 때문이다. 아무리 좋은 기업이라도 가격이 급등락하면 오래 보유하기 어렵다. 예를 들어 자산이 10억 원 있는 사람이 특정 기업 주식을 5억 원어치 샀다고 하자. 그런데 1년이 안 되어 그 주식 가치가 2억 8,000만 원으로 떨어진다면, 과연 계속 버틸 수 있을까? 실제로 삼성전자 주식은 2024년 7월 88,800원까지 올랐다가, 같은 해 11월 49,900원으로 내려 43.8%나 하락했다. 일반 투자자가 이런 하락을 견디기는 쉽지 않다.

여기에 더해 한국 주식시장은 정보 공개가 부족해 주가가 왜 오르고 내리는지 이유를 알기 어려운 경우가 많다. 배당도 적기 때문에 장기간 보유하면서 얻는 이익이 거의 없고, 세계 시장에서는 한국 비중이 작아 미국 등 대형 시장 뉴스에 따라 뒤늦게 움직이는 경우도 많다.

그렇다면 일반 투자자가 장기간 주식투자를 이어가는 방법은 무엇일까? 해답은 '주가지수 투자'다. 주가지수는 하나의 펀드처럼 관리되어 대표성이 떨어지는 기업이나 비중이 작아진 종목은 제외시켜 지수의 연속성이 유지된다. 예를 들어 미국 다우지수는 1800년대부터 산출돼왔다. 미국 지수만으로 불안하다면, MSCI처럼 여러 선진국 지수를 종합한 지수에 투자할 수도 있다.

주가지수는 개별 기업보다 지속성이 높을 뿐 아니라 가격 변동도 상대적으로 완만하다. 삼성전자 같은 우량 종목도 단기간에 40% 가까이 빠지지만, 주가지수는 여러 종목이 섞여 있어 상승과 하락이 서로 상쇄되기 때문이다. 중요한 건 앞으로도 지수가 오를 것인가인데, 장기적으로 경제가 성장하면 지수도 함께 상승한다는 점은 역사적으로 확인된 사실이다. 그래서 주가지수가 장기 투자 대상으로 적합하다.

다만 주가지수에 투자하더라도 자금 배분 방식이 중요하다. 크게 두 가지가 있다.

- **거치식 투자: 한 번에 큰돈을 넣는 방식.**
- **적립식 투자: 일정액을 꾸준히 나눠서 투자하는 방식.**

분산투자는 투자 안정성을 높이기 위한 것이며 여기서는 종목을 나누는 방법도 있지만, 시간을 나누는 것도 중요하다. 언제가 가장 좋은 매수 시점인지 알 수 없기 때문에, 정해진 간격마다 꾸준히 매수하는 편이 안정적이다.

또한 '얼마를 투자해야 할까'라는 문제도 있다. 주가지수에 장기간 적립식으로 투자하면 큰 효과가 있다는 사실은 대부분 알고 있다. 하지만 실제로 노년이나 자금이 필요할 때 충분한 수익을 내려면 얼마를 투자해야 할지 감이 오지 않아 시작을 망설이는 경우가 많다.

실패하지 않는 투자 습관

열심히 투자해도 번번이 타이밍이 어긋나 손실을 봅니다. 실패하지 않는 투자 습관이 있을까요?

투자에서 실패를 정의하기란 쉽지 않다. 본질적으로 투자는 미래의 가능성을 보고 결정하는 것이기에, 언제나 맞히는 것은 불가능하다. 투자 후 손실이 나더라도 어떤 이는 '좋은 경험이었다'고 하고, 어떤 이는 '이제 투자는 끝이다'라며 큰 실패로 받아들이기도 한다. 그럼에도 많은 사람들이 "투자는 왜 이렇게 힘든가"라고 말하는 이유는, 나름 열심히 공부하고 합리적으로 투자했음에도 손실로 끝나는 경우가 많기 때문이다. 최악은 내가 사면 가격이 떨어지고, 내가 팔면 다시 오르는 상황이다. 종목 선택에는 문제가 없어 보이는데도 손실로 끝나니, "나는 투자와 인연이 없구나" 하며 포기해버리게 된다.

이런 현상은 특히 주식 투자에서 많이 나타난다. 따라서 주식 투자를 중심으로 '실패하지 않는 투자 습관'에 대해 살펴보자.

먼저, 매수 후 주가가 하락했을 때 어떻게 대응할지 미리 정해 놓고 투자해야 한다. 이를 위해서는 반드시 기본적 분석, 즉 펀더멘털 분석이 필요하다. 많은 사람이 무엇에 투자하는지도 제대로 모른 채 투자한다. 주변에서 들은 솔깃한 정보나 단순히 주가 차트만 보고 투자하는 경우가 대표적이다. 이런 방식은 매수 후 하락이 곧 실패로 직결된다. 반면 정상적인 분석을 거쳐 투자했다면, 주가가 떨어져도 추가 매수를 고려할 만큼 자신감이 생긴다. 또한 하락 원인이 특정 기업의 문제인지, 국가 경제나 세계 경제 전체의 문제인지 구분할 수 있다.

그렇다고 펀더멘털 분석만 맹신하는 것도 위험하다. 성장성과 재무지표가 좋고 밸류에이션도 합리적인데도 주가가 오르지 않는 기업이 있다. 알고 보면 대주주가 주가가 오를 때마다 유상증자나 전환사채를 발행하거나, 보유 주식을 대량 매도하는 경우다. 따라서 기업만 볼 것이 아니라 대주주의 행태도 살펴야 한다. 이는 주가 차트를 통해 어느 정도 파악할 수 있다. 펀더멘털에는 문제가 없는데 거래량이 몰리며 큰 폭으로 하락하는 날이 반복된다면, 대주주의 의도일 수도 있다. 결국 주가 차트의 주요 흐름(추세, 급등락)

을 설명할 수 있어야 그 기업을 제대로 이해했다고 할 수 있다.

또 반복적으로 '내가 사면 떨어지고, 내가 팔면 오르는' 경험을 한다면, 추격 매수를 한 뒤 자신감 부족으로 금방 팔아버리는 습관이 없는지도 점검해야 한다. 추격 매수란 가격이 오르는 중에 매수하는 것이다. 보통 직장인은 정보력이 부족하다고 생각하고, 직접 분석할 자신도 없으니 주가 상승 자체를 호재로 보고 뒤늦게 매수하는 경우가 많다. 문제는 이런 시점은 이미 많은 투자자가 매수한 뒤라 추가로 살 사람이 적어, 곧 가격이 조정되거나 하락하기 쉽다. 내가 사자마자 떨어지는 이유가 바로 여기에 있다. 반대로 내가 팔고 나서 오르는 이유는, 큰 상승을 앞두고 개미 투자자를 털어내려는 구간에서 흔들림이 생기기 때문이다. 확신과 분석이 부족하면 이런 흐름에 쉽게 당한다.

열심히 종목을 고르고 분산투자까지 했는데도 수익이 미미해 시간 대비 효율이 떨어지는 경우도 있다. 소심한 투자자들이 흔히 겪는 문제인데, 이는 대체로 투자금액의 크기와 관련이 있다. 투자금이 너무 적어 분석과 매매에 쓴 노력에 비해 수익이 적게 보이는 것이다.

앞서 이야기한 직장인의 주가지수 장기 적립식 투자에서도 비슷한 고민이 생긴다. 1~2년 정도 지나면 수익이 나는 것은 보이지만, 금액 자체가 적어 '이게 무슨 의미가 있나' 싶어지는 것이다. 반대로 투자금이 지나치게 많은 것도 문제다. 예를 들어 재산이 3억 원이고 연봉이 5천만 원인 30대 직장인이 1년에 3천만 원을 새로 투자한다면 규모가 크다. 특별한 계획 없이 투자했다면, 주가가 조금만 흔들려도 손절매를 고민할 수밖에 없다. 하지만 주가가 오를 때는 보통 약간의 등락을 거치는 것이 정상이다. 이 작은 등락조차 견디지 못한다면 주식 투자로 돈을 벌기는 어렵다.

결국 투자금액은 너무 적지도, 너무 많지도 않게 적정 수준을 찾아야 한다. 이를 계산하려면 자신의 재산과 소득, 향후 수년간의 지출 계획을 고려해야 한다. 다만 직관적인 기준을 제시하자면, 보통 직장인의 경우 주가지수 장기 적립식 투자를 권하며, 총소득의 10~20% 정도를 투자하는 것이 적당하다. 연봉이 5천만 원이라면 연간 5백만~1천만 원 수준이다. 이는 결코 적은 돈이 아니다. 주가지수가 폭락하거나 불황으로 생활이 어려워져도 투자를 유지해야 하기 때문에 이보다 큰 비중을 투자하기는 힘들다. 그러나 수익 또한 결코 적지 않다. 예를 들어 25세부터 45세까지 연평균 6천만 원을 벌고, 매년 20%씩 투자한다면 투자 원금만 2억 4천만 원이 된다. 여기에 연평균 7% 수익률을 가정하면 20년 뒤에는 약 4억 9천만 원으로 불어난다.

물론 중간에 집을 사는 등 큰 지출이 생길 수도 있다. 이런 경우에도 장기 저리 대출 같은 제도를 활용하면 기존 투자 포트폴리오를 유지하면서 집을 마련할 수 있다. 생활비와 지출 계획을 미리 세운 사람이라면 가처분 소득의 20~30%까지 투자하는 것도 가능하다.

M부장은 2000년부터 어떻게 투자했고, 은퇴를 잘 대비했을까?

 **중년의 직장인들은 지금보다 훨씬 성장률이 좋은 시기를 살아왔는데 왜 노후자금을 걱정할까요?**

 노후자금을 걱정하지 않으려면, 보통의 직장인은 중년이 되기 전까지 자신의 투자 기법을 확립하고 그 원칙에 따라 자산을 어느 정도 불려놓아야 한다. 경제 성장률이 좋던 시기에는 사회 전체의 부가 늘면서 급여가 자연스럽게 오르니, 투자의 '성공률' 자체가 덜 중요해 보이기도 했다. 다만 생애 주기상 경제 활동력이 가장 좋은 20~30대에 투자 기법을 세우는 것이 핵심인데, 한국 투자자 다수는 그러지 못했다. 이제 시기별로 차근히 살펴보자.

M부장은 밀레니얼 세대를 대표하는 인물이라고 보자. 이 세대는 대략 2000년 무렵 하이틴이나 청년기였던 사람들로, 기존 구분으로는 X세대 다음의 Y세대에 해당한다. 국내 기준으로는 1980~1994년 출생자가 이에 해당하며, 현재는 기업에서 차장·부장 역할을 맡고 있다. 미국에서는 2차대전 이후 베이비부머의 자녀 세대를 밀레니얼로 본다. 한국의 밀레니얼은 1988년 서울올림픽보다는 2002년 월드컵을 더 또렷이 기억하고, 과학고·외국어고 등 특목고 열풍 속에서 학교를 다닌 세대다. 1980년대 출생자는 1997년 IMF 외환위기를 직접 체감하지는 못했더라도, 부모 세대의 고생을 지켜봤고 2000년부터 사회에 진출하기 시작했다. 국내 적립식 펀드 붐은 2003년부터였고, 이 무렵 다양한 벤처 기업들이 성장했다. 바이오테크 분야에서는 한국 사회를 뒤흔든 황우석 사건도 있었다. 또 미국의 앨런 그린스펀이 연준 의장으로 있으면서 금융 교육의 중요성을 강조하자 국내에서도 투자자 교육 열풍이 일었다.

1980년대 초반 출생자인 M부장은 사회 초년생이던 2000년대 초반, 주식 적립식 투자로 종잣돈을 모으고, 자산관리 전문가가 운용하는 펀드에 돈을 넣어두면 60대 은퇴 시점에 충분한 노후자금을 마련할 수 있으리라 믿었다. 당시 한국의 성장률은 선진국 대비 충분히 높았고, 결혼하면서 아파트를 산 사람들은 이후 부동산 가격 급등으로 '가만히 있어도 돈이 느는' 듯한 체감을 했다. 맞벌이 부부도 늘어 가계소득이 높아졌다. 하지만 2008년 무렵, 여러 일이 한꺼번에 바뀌었다.

먼저, 믿었던 적립식 펀드, 특히 미래에셋증권이 판매한 일부 펀드가 큰 손실을 냈다. 중국의 성장성에 베팅해 중국 주식에 집중 투자한다던 '미래에셋 인사이트 펀드'가 대표적이다. 2008년 미국발 금융위기가 전 세계로 번지며 경제위기가 오자, 사람들은 생존을 위해 알짜 자산까지 내다 팔았고, 손실 회복 기미가 없던 펀드들을 수십 퍼센트 손실 상태에서 매각해 현금화할 수밖에 없었다. 인사이트 펀드는 이후 4~5년을 더 들고 가도 손실 회복이 쉽지 않아 '주식 장기투자 무용론'까지 나왔다. 2013년 무렵 "적립식으로 샀다면 회복됐다"는 인터넷 글도 보였지만, 급락 국면에서 대부분은 추가 매수를 못 하거나 아예 투자를 접었다.

2008년 금융위기에서 국내 대기업 집단이 줄줄이 쓰러지지는 않았지만, 미국을 상징하는 대기업들이 파산했다. 2008년 7월 대형 증권사 리먼브라더스가 파산했고, 미국 최대 보험사 AIG가 위기에 빠졌으며, 2009년에는 세계 최대 자동차 회사였던 GM까지 파산 보호를 신청했다. 다우지수는 2007년까지 꾸준히 오르다가, 1년 만에 굵직한 기업들이 무너지는 장면을 보이며 장기투자 회의론이 커졌다. 국내에서도 2010년대 들어 대형 부도가 이어졌다. 저축은행 사태를 시작으로 LIG, 웅진, STX, 동양그룹 등이 무너졌다. 특히 LIG건설과 동양종금증권은 부도를 예감하고도 수천억 원대 회사채·기업어음(CP)을 일반 투자자에게 팔았다가 곧바로 부도를 내, 채무증권 투자의 위험성을 여실히 보여줬다.

개별 종목 투자 리스크는 황우석 사태에서 절감했고, 적립식 주식펀드의 좌절은 인사이트 펀드에서 겪었으며, 채권 투자 위험은 LIG건설·동양종금증권 사태로 확인했다.

2003년쯤 새로 도입된 투자 상품으로는 KOSPI 500포인트 무렵에 만들어진 ELS(주가연계증권)가 있다. 보통 1~3년 동안 지수나 주가가 일정 범위에 머물거나 오르면 은행 금리의 두 배 안팎 수익을 주는 상품이었다. 초기에는 지수 연동형이 주류였고, 30~40% 이상만 빠지지 않으면 원금 회수가 가능하도록 설계돼 인기가 높았다. 이후 투자자가 몰리고 지수도 많이 오르자 개별 종목 연동형, 복수 종목 연동형까지 나왔고, 채권금리·유가 등과 연동시키거나 파생을 연결한 DLS(파생결합증권)도 등장했다. '중위험·중수익'으로 포장됐지만 구조가 복잡했고, 개념과 리스크를 충분히 이해하지 못한 채 판매·투자된 경우가 많았다. 결국 2019년에 큰 문제가 터졌고, 이후 이 상품들은 대중의 관심에서 멀어졌다.

2000년대 초반에는 벤처 붐과 함께 개별 종목 투자, 미래에셋이 적극 홍보한 적립식 펀드가 인기를 끌었지만, 2010년대에 돌아보니 결국 가장 잘한 투자는 '아파트 보유'였다. 자가 주택은 주거 목적이어서 집값이 올라도 기본 대응은 '매각'이 아닌 '보유'였고, 2010년대에도 서울·수도권 인구 유입이 이어져 2008년 금융위기를 제외하면 부동산, 특히 아파트 가격이 꾸준히 올랐다. 2015년 즈음 "조물주 위에 건물주"라는 표현이 유행할 정도였다.

M부장은 2000년부터 2010년대 초까지 개별주, 특히 벤처주와 펀드에 투자했지만 수익은 시원치 않았다. ELS 등 새 상품이 나올 때마다 관심을 가졌으나 수익성이 좋던 초기에는 큰돈을 넣지 못했다. 결과적으로 본인이 살던 아파트 가격 상승이 가장 성과가 컸다. 하지만 집값이 올랐다고 쉽게 팔고 이사 갈 수는 없었다. 자녀 학교 문제도 있었고, 인근 아파트도 비슷하게 올라, 원래 집을 팔아도 다시 집을 사면 세금만 더 드니 실익이 없었다.

2010년대에는 NPL(부실채권) 투자, 부동산 경매가 유행하기도 했다. 그러나 일반 직장인에게는 공부할 것도 많고 현장 확인이 필수여서 쉬운 투자 대상이 아니었다. 2010년대 중반에는 비상장주식 투자 붐이 일었다. 1990년대 후반~2000년대 초 벤처 투자 붐의 재판처럼 보였지만, 이번에는 '스타트업'이란 이름으로 직장 경험이 전무한 대학생 창업 등 아이디어 기반 기업에 주로 투자하게 되었다. KOSPI가 2011~2016년 2,000포인트 박스권에 갇히자 상장주식 외 자산에 관심이 쏠렸고, 당시 정부의 창조경제 정책으로 스타트업 지원이 확대됐다. 1990년대 IT붐이 인터넷·통신·PC였다면, 2010년대는 스마트폰의 등장으로 모바일 관련 종목이 주도했다. 플랫폼 비즈니스가 주목받으며, 당장 이익이 없어도 플랫폼에 고착된 고객 수로 기업가치를 산정하는 방식이 늘었다. 중국의 소득 증가와 한류 확산으로 대중국 화장품 수출이 호황을 누린 것도 한몫했다. 하지만 이런 비상장 투자 붐은 일반 직장인에게 쉽지 않았다. 정보 비대칭이 컸고, '이희진 사건' 같은 불법 거래도 있었다.

돌이켜보면 2010년대 초 이후로 대규모 경제위기는 없었고, 주식·채권·부동산 가격이 조금씩이라도 우상향했지만, M부장 등은 금융투자로 큰 자산을 만들지 못했다. 상장주식·펀드처럼 정보가 많고 거래가 쉬운 영역에서는 수익이 미미했고, NPL·경매·비상장 투자조합처럼 생소한 영역에서만 기회가 나왔기 때문이다. 게다가 2016년 이후 중국의 사드(THAAD) 보복에 따른 한한령, 박근혜 대통령 탄핵, 트럼프 취임 이후 미·중 갈등 격화까지 겹치며 경제 전반이 어려워졌다.

2010년대 후반, M부장은 수억 원대 금융자산을 보유하게 되면서 공모펀드가 아닌 사모펀드에도 가입했다. 공모펀드는 주식·채권 등 익숙한 자산을 전통 방식으로 운용하지만, 사모펀드는 다양한 전략으로 '시장이 오르지 않아도 수익을 낸다'는 운용 방식을 내세웠다. 그런데 일부 사모펀드는 과도한 레버리지나 불투명한 운용을 했고, 심지어 사기에 가까운 불법 거래까지 발생했다. 2019년 라임·옵티머스 사태가 그 예다. 독일 국채 수익률 연동 DLS도 큰 문제를 일으켰다. '독일 금리는 음수가 될 수 없다'는 식의 안이한 설명으로 팔았다가 실제로 금리가 음수로 떨어지며 투자자에게 조 단위 손실이 났다. M부장은 다행히 큰 손실은 피했지만, 사모펀드·ELS·DLS가 단순한 지수형 펀드와는 전혀 다르다는 점을 뼈저리게 깨달았다.

2010년대 꾸준히 오른 대표 자산은 미국 주식이다. 다우지수는 2010년 1만 포인트대에서 2019년 말 2만 8,000포인트대로 상승했다. M부장은 국내 증권계좌로도 미국 주식을 살 수 있고, 개별 기업 분석 없이 업종 ETF만으로도 수익이 가능하다는 걸 알았지만, 영어 자료 분석과 야간 거래가 부담스러워 적극적 비중을 두지 못했다. 대신 미국 주식형 펀드에 일부 가입해 수익을 내거나, IRP 같은 퇴직연금 계좌로 미국 주식형 펀드를 매수했다. 미국 개별주까지 직접 매수하는 적극적 투자자는 '서학개미'로 불렸다. 구한말 '동학'과 대비해 서구(미국·유럽) 시장에 투자하는 개인투자자를 그렇게 불렀다.

사실 2010년대에 가장 크게 오른 자산은 주식·채권·부동산이 아니라 비트코인 등 가상자산이었다. 비트코인은 2010년 전후부터 알려지기 시작했는데, 이름처럼 '코인' 수준의 가치였고 초기 가격은 미국 동전 센트와 비슷했다. 2010년 8월 6센트라는 기록도 있다. 이후 2018년 무렵 1만 달러를 돌파했다. 비트코인은 2008년 금융위기 이후 중앙은행이 화폐를 찍어내는 체제에 대한 반발로, 암호 기반 디지털 교환 기준을 만들겠다는 발상에서 탄생했다. 겉으로는 설득력 있어 보였지만, 보통 사람에게는 게임 속 '게임 머니'와 비슷해 보였고, 왜 실제 가치를 가지는지 이해하기 어려웠다. M부장도 마찬가지였다.

그러다 2014년 즈음 비트코인 가격이 1,000달러를 넘고, 조정 뒤 2018년에 다시 상향 돌파하자, M부장도 '잘 모르겠지만 이렇게 오르는데 조금은 따라야 하나'라는 마음이 들었다. 수천만~수억 원을 모르는 자산에 넣을 수는 없어, 한 달 월급 정도인 수백만 원만 투자했다. 가격은 큰 등락을 거치며 우상향했지만, 그는 결국 포기했다. 24시간 거래되는 디지털 자산 특성상 선물·옵션·담보대출까지 횡행하는 등 너무 복잡했고, 무엇보다 변동성이 너무 커 항상 화면을 지켜봐야 했다. 한국이 밤일 때 미국은 낮이라, 한국의 야간에 가격이 크게 흔들렸고, 낮에는 업무 중에도 틈틈이 확인하느라 일에 집중하기 어려웠다. 수백만 원 투자에서 100% 수익이 나도 고작 수백만 원이다. 생업에 지장을 받을 만큼의 보상은 아니었다.

이렇게 특별한 투자법을 체득하지도, 큰 자산을 모으지도 못한 채 2020년대를 맞았다. 2020년 3월, 코로나19라는 팬데믹이 닥쳤다. 2010년대에도 조류독감·사스·메르스 등은 있었지만, 전 지구적으로 확산하고 사망 속도가 수습 속도를 앞지르는 상황은 처음이었다. 세계가 멈춰 서며 주식시장은 폭락했고, 유가는 음수 가격이라는 기이한 장면까지 나왔다. 방역은 마스크 착용과 비대면이 핵심이었고, 재택근무·온라인 거래가 급증했다. 각국은 2008년 금융위기 때처럼 지원금을 풀고 금리를 낮추며 유동성을 확대했다.

그러자 증시는 급반등해 팬데믹 이전보다 더 올랐다. KOSPI는 2021년에 처음 3,000포인트를 돌파했다. '동학개미'라는 표현이 회자될 만큼 국내 주식에 개인이 대거 유입됐다. M부장도 '이렇게 올라도 되나' 생각하면서도 개별 종목을 샀고, 여러 번 덴 경험 때문에 가장 안전하다고 여긴 삼성전자를 매수해 2021년 초 9만 원을 넘기며 잠시 행복했다.

그러나 팬데믹이 잦아들자 각국은 시중에 풀린 돈을 회수했고, 특히 미국이 2022년부터 기준금리를 올리면서 지수는 하락했다. KOSPI는 2021년 6월 3,316포인트 정점 후 하락해 2022년 9월 말 2,135포인트까지 떨어졌다. 믿었던 삼성전자도 하락했다. 이런 와중에도 부동산은 올라, 아파트를 가진 M부장에겐 그나마 위안이 됐다. 2010년대 후반 집값 급등으로 집이 없는 사람들은 '벼락거지'라는 신조어의 주인공이 됐다. 전국 범위의 집값 통계로는 상승률이 크지 않았지만, 언론에는 강남 아파트가 몇 억씩 오른다는 뉴스가 반복되며 M부장 같은 보통 사람의 마음을 불편하게 했다.

곧 더 심각한 문제가 나타났다. 팬데믹 이후 물가가 매우 빠르게 상승한 것이다. 2000년대에도 위기나 원자재 가격 상승이 있었지만 물가는 상대적으로 안정적이었다. 중국이 '세계의 공장' 역할을 하며 저가 제품을 지속 공급했기 때문이다. 그러나 2010년대 후반부터 중국 임금이 오르고, 미국이 중국을 견제하며 무역 장벽이 늘어나 글로벌 분업 체계의 효율이 떨어졌다. 여기에 팬데믹 극

복을 위한 막대한 유동성 공급, 생산·물류망 붕괴가 겹치며 물가 급등을 초래했다.

물가가 급등하면 화폐가치가 떨어져, 수십 년 모은 수억~십수억 원이 실질 가치로는 몇 억처럼 느껴진다. 은퇴를 앞둔 이들에게는 치명적이다. M부장도 예외가 아니었다. 그가 가진 자산은 수천만 원대 주식과 펀드, 자가 아파트, 억 단위 예금이 전부였다. 국민연금·퇴직연금·개인연금까지 모두 고려해도 60세 이후 생활비를 감당하기엔 빠듯했다. 그는 결국 '은퇴 없이 계속 일하며 절약하는 법'을 배우기로 했다. 그리고 늦은 감이 있지만, 지금이라도 투자를 제대로 공부하기로 결심했다.

Z대리의 매매 실패담

요즘 젊은 사람들은 정보 습득도 빠르고 검색 능력도 뛰어난데 왜 실제 금융투자에서는 기대만큼 성과를 내지 못할까요?

Z대리를 Z세대를 대표하는 인물로 보자. Z세대는 밀레니얼 다음 세대로, 대략 1995~2005년 출생자다. 2025년 기준 이들은 회사에서 대리나 과장을 맡고 있다. 스마트폰으로 상징되는 모바일 시대에 청년기를 보냈고, M세대와 함께 '디지털 네이티브'로 불린다. 종이에 기록하기보다 스마트폰·태블릿에 기록하고, TV보다 SNS로 세상과 소통하며, 스마트폰 앱 기반의 협업 도구를 능숙하게 쓴다.

1995년생은 2015년 즈음 대학에 들어갔다. 그 무렵 한국에는 스타트업 붐이 일어 취업 대신 창업을 택하는 젊은이가 늘었고, 무경력이어도 아이디어만으로 창업할 수 있다고 믿는 분위기가 있었다. Z대리는 2020년쯤 스물다섯이 되었는데, 코로나19로 비대면 사회가 되며 사회생활 초기에 선배나 상사에게서 노하우를 충분히 전수받기 어려웠다. 어떤 면에서는 세대 간 단절이 심해졌다고 볼 수 있다. 이 시기 Z세대의 소비·재무 태도도 세계적으로 눈에 띄었다. '욜로(YOLO: 한 번뿐인 삶이니 재밌게 살자)', '파이어(FIRE: 경제적 자유를 이뤄 조기 은퇴)', '딩크(DINK: 맞벌이지만 아이는 갖지 않음)' 같은 키워드가 확산했다. 결혼·출산·평생직장이라는 전통적 경로보다 개인 만족을 우선하는 경향이 두드러졌다.

Z대리가 1995년 무렵 태어났다면 2000년대에 청소년기를 거치며 어학연수를 다녀오고, 직장인이 된 뒤에는 해마다 한두 번 해외여행을 즐겼다. 거시 환경과 투자 무대는 2010~2020년대의 M부장과 같았지만, 대응 방식은 달랐다. M부장이 학점을 관리하고 졸업 후 '취업'을 당연한 목표로 삼았다면, Z대리는 2015년 무렵의 창업 열풍을 보며 스스로 창업을 시도했다. 간단한 인터넷 쇼핑몰을 운영하거나 작은 음식점을 내보기도 했고, 컴퓨터에 능한 이들은 스마트폰 앱을 만들었다. 어릴 때부터 투자 교육을 접한 이들도 많아 주식에 일찍 입문했고, 더 적극적인 사람은 코인까지 투자했다.

주식 투자 방식도 달랐다. Z대리는 책보다 유튜브, 카카오톡, 텔레그램 같은 SNS를 활용했다. 특히 유튜브를 선호했다. 귀로 들을 수 있고, 책보다 핵심을 빠르게 동영상으로 전달받을 수 있었기 때문이다. 얼굴을 공개하는 영상에서까지 무책임한 말을 하기는 어렵겠다는 안이한 믿음도 있었다. 하지만 사람을 속이려면 '90%의 사실에 10%의 거짓'을 섞는 것이 효과적이듯, 유튜브에서도 얼마든지 과장과 왜곡이 가능했다. 2005년 황우석 사태만큼 큰 논란을 불러온 2023년 '배터리 아저씨' 박순혁 열풍이 그 사례다.

Z대리는 가장 젊은 세대로서 자신들이 의미 있는 지식을 갖췄다고 믿었다. 충분한 영어 실력으로 미국 주식을 직접 공부해 투자하고, 기성세대가 익숙하지 않은 가상자산 투자에도 능하다고 여겼다. 미국 주가지수 ETF는 기본, 2배·3배 레버리지 ETF와 개별 종목 ETF까지 과감히 활용했다. 국내에서 '배터리 아저씨' 영상을 보며 열광하던 흐름은, 미국 시장에서는 테슬라 3배 레버리지 ETF 같은 상품으로 이어졌다.

가상자산 투자에는 특히 적극적이었다. 위 세대는 이미 자산을 형성했지만, Z대리는 아직 종잣돈이 부족했다. 1년에 3배, 5배가 가능하다는 이야기에 잠을 줄여가며 투자했다. 하지만 변동성이 큰 자산은 전업투자자가 아닌 이상 큰돈을 넣기 어렵다. 젊다 해도 수십, 수백만 원 때문에 잠을 설쳐가며 투자를 지속하기는 힘들다. 큰 손실로 접거나, 관리의 피로도로 포기하는 일이 반복됐다.

일부는 기성세대처럼 '작전성' 국내 테마주에도 관심을 보였다. 다만 풍문과 부정에 기댄 단기 급등주보다 가상자산처럼 무엇을 사든 변동폭이 큰 시장이 더 자극적이었고, 우량주에 투자할 때도 3배 레버리지 ETF를 활용하면 빠르게 종잣돈을 만들고 안정 투자로 전환할 수 있으리라 기대했다. 그러나 '부'는 상대적 순위의 결과다. 남과 똑같이 투자해서는 결코 앞서기 어렵다는 사실을 곧 깨달았다. 2022년 미 연준이 기준금리를 급격히 올리자, '미국 주식은 결국 오른다. 계속 사 모으자', '비트코인은 결국 돈이 된다' 같은 믿음이 흔들렸다.

Z대리는 한때 부동산에도 눈을 돌렸다. 유튜브에는 '임장' 키워드로 경매나 특수물건(법적 문제 등으로 가격이 비정상적으로 낮아진 물건)의 현장 탐방 영상이 넘쳤다. 20~30분짜리 영상 수십 개를 보면 긴 강의를 무료로 들은 듯했고, 몇백만 원을 내고 공동투자에 참여하고 싶은 마음도 들었다. 그러나 실제 투자에 들어가려면 스스로 분석할 역량이 부족했고, 시간과 비용이 많이 든다는 벽을 만났다. 결국 유튜브 채널 운영자나 그들이 추천하는 업체에 의존하게 됐다. 시간이 흐르자 '세상에 공짜는 없고, 누구도 돈 버는 비법을 공짜로 공개하지 않는다'는 사실을 알게 됐다. 영상에서 소개한 방법 상당수는 상승장에 편승해 얻은 성과였음을 하락장에서 깨달았다.

주식과 부동산에서 자기만의 투자법을 찾지 못한 Z대리는 다시 공부를 시작했다. '경제적 자유'를 앞세운 재테크 책들은 여러 자산을 공부하라고 권했다. 채권, 리츠(REITs), 배당 ETF, 월지급식 펀드 등 국내외 상품을 살펴보니, 상당수는 부유층이 연 5~7% 수익을 목표로 하는 보수적 전략이었다. 종잣돈을 마련하고 내 집 마련도 고민해야 하는 Z대리에게는 체감 효용이 작았다.

요즘 Z대리는 새로운 방법을 고민한다. AI가 추천하는 포트폴리오에 맡겨볼까 하는 생각이다. 찾아보니 2010년대 중반 '로보어드바이저'가 유행했지만 수익률이 특별히 뛰어나지는 않았다. 소액 고객 입장에서 접근 가능한 AI 포트폴리오도, 결국 "정말 돈 버는 비법은 공짜로 풀리지 않는다"는 격언을 떠올리게 했다. 영어에 능하고, 스마트폰과 정보에 밝고, 유튜브와 텔레그램 같은 SNS는 물론 챗GPT 같은 AI도 잘 다루며, 이전 세대보다 투자·창업에 적극적인 Z대리였지만, 투자에서 큰 성공을 거두지는 못했다.

Z대리는 우연한 기회에 M부장을 만나 인생 전반을 이야기했다. 취업·동업·창업을 주제로 의견을 나누고, 투자 성공담과 실패담도 공유했다. 두 사람은 '고성장 기업을 찾아내는 천재적 분석'만이 답은 아니라는 데 동의했다. 보통 사람의 투자 성공에는 다른 요소가 작용한다. '참고 기다림'이 그 요소일 수 있고, 이를 현실에서 구현하는 방법으로 적립식 투자가 좋은 선택일 수 있다는 것으로 생각이 모였다.

금융 지식 쌓기

나에게 최적화된 투자 계획을 만들려면 무엇을 배우고 익혀야 할까요? 투자는 배워서 익힐 수 있는 건가요?

장기적인 자산 관리에서 핵심은 자신에게 맞는 투자 방법론을 찾는 것이다. 가격이 내려갈 때 매수하는 방식은 가치주 투자로 이어지고, 가격이 오를 때 매수하는 방식은 성장주 투자로 이어진다. 두 방법은 서로 상반되지만 모두 훌륭한 전략이 될 수 있다. 중요한 것은 자신에게 맞는 방식을 선택해 꾸준히 실천하는 것이다. 투자는 최적화된 계획을 세우고, 다양한 시장 상황을 겪으며 그 계획을 실행하고 다듬어 가는 과정이다. 그렇기에 투자는 본질적으로 학습의 성격을 지닌다. 학습이 빠진 매매 행위는 투자가 아니라 투기에 가깝다.

투기는 도박과 비슷하다. 철저히 확률에만 의존하며, 학습 효과가 전혀 없다. 동전을 던져 앞면이 50번 연속 나왔다고 해서 51번째도 앞면이 나올 확률이 높은 것은 아니다. 여전히 확률은 반반일 뿐이다. 투기에는 원인과 결과를 분석할 여지가 없고, 거래마다 수수료와 세금만 늘어난다. 반복할수록 자산은 깎여 나가며, 부의 형성에는 전혀 도움이 되지 않는다.

투자는 다르다. 미래의 이익을 위해 경제적으로 계산된 모험을 감행하는 것이다. 단순히 돈을 맡기는 저축과 달리, 투자는 리스크를 수반한다. 하지만 그것이 무모한 것이 아니라 계획된 모험이어야 한다. 계획이란 왜 이 종목을 선택했는지, 왜 이 가격에서 매수하고 언제 매도할지, 얼마를 투입할지에 대한 답을 정하는 것이다. 더 나아가 시장 상황이 변할 때 어떻게 대응할지까지 시나리오를 세워두어야 한다. 그리고 투자 후에는 결과를 기록해 원인을 분석하고, 다음 투자에 반영해야 한다. 실패든 성공이든 학습 효과가 있어야 투자다. 기록과 분석이 없다면 그것은 투기에 불과하다.

실패를 경험했을 때 '방법은 옳았는데 시장이 안 받쳐준 것뿐이니, 다음에는 더 큰돈으로 도전해야지'라고 생각하는 것은 매우 위험하다. 실패는 잘못된 점을 고치라는 신호다. 과도하게 자책할 필요는 없지만, 냉정하게 문제를 확인하고 보완하는 태도가 필요하다.

일반 직장인은 투자 계획을 얼마나 체계적으로 세워야 할까? 답은 간단하다. 자신이 다니는 회사의 신사업 기획만큼은 해야 한다. 보통 30대 중반이면 실무 차원에서 신사업 기획을 경험하고, 40대에는 전체 사업 기획을 맡는다. 이런 노력을 자신의 투자에도 적용해야 한다. 종목의 편입과 편출 기준을 세우고, 시장 환경을 분석하는 습관은 성공 확률을 크게 높인다. 많은 사람들이 투자를 선택하는 이유가 회사처럼 긴 회의와 여러 의견을 거치는 과정이 싫어서인데, 사실 투자야말로 회사 기획처럼 신중하게 접근해야 한다. 그렇게 하면 큰 실패를 미리 막을 수 있다.

투자 계획에서 가장 신경 써야 할 부분은 리스크 감수 능력에 맞춰 투자 금액을 조절하는 일이다. 소득, 재산, 경험이 리스크 감당 능력을 결정하며, 이는 투자 금액으로 나타난다. 투자 초기에는 학습자 혹은 관찰자의 자세가 필요하고, 금액은 작게 시작해야 한다. 경험이 쌓이고 학습이 진행되면 점차 투자 금액을 늘려 자신의 자산에 변화를 줄 정도로 키워야 한다. 전문가도 새로운 자산군에 접근할 때는 먼저 소규모로 관찰하며 시작한다.

투자는 어렵다. 그렇기에 배우는 데도 비용을 내야 한다. '주식 학원비'라는 개념으로 투자금액을 정하는 것이 좋다. 시장의 사이클을 몸으로 겪고, 폭락장과 폭등장을 실제 투자자로 경험하는 데에는 반드시 비용이 든다. 보통 연 소득의 5% 정도를 학습비로 정해두면 적절하다. 투자 원칙이 확립되고 나면 주식 투자금은 더 이상 비용이 아니라 자산이 된다. 그렇다 해도 관찰자의 태도를 잃지 않을 만큼의 금액으로 관리해야 한다.

투자를 기록하는 습관도 중요하다. 급등과 급락 속에서도 원칙을 지켰는지, 왜 수익이나 손실이 났는지를 꼼꼼히 적어야 한다. 금액이 지나치게 크거나 관리가 소홀하면 관찰자의 태도를 유지하기 어렵다. 투자 점검 시간도 본업에 지장을 주지 않는 범위로 제한해야 한다. 일주일에 3시간 이내, 한 달에 6시간 정도면 충분하다. 다만 학습 단계에서는 일주일에 10시간 이상을 투자 공부에 쓰는 것이 바람직하다.

주식 학습의 핵심은 종목의 편입과 편출 기준, 비중 결정이다. 투자 이론을 아무리 배워도 이 부분을 구체적으로 설명하는 경우는 드물다. 가장 빠른 길은 좋은 펀드를 복제하는 것이다. 대형주 펀드나 가치주 펀드처럼 종목 교체가 느린 펀드를 참고하면 효과적이다. 특정 유형을 먼저 배우고 싶다면 배당 성장주 펀드를 추천한다. 꾸준히 주가가 오르고 배당도 좋은 종목 위주라 학습하기에 적합하다. 개별 종목을 연구할 때는 회사 개요, 주주 구조, 사업 현황, 재무 지표, 과거 주가 흐름을 확인하고, 주가가 크게 요동친 사건의 원인을 찾아보며 공부하면 된다.

장기투자자의 사고방식

투자에서 성공하려면 단기보다는 장기 투자자가 되어야 한다고 합니다. 장기 투자자가 되기 위한 사고 방식이나 태도, 습관 등이 궁금합니다.

장기 투자자는 여러 면에서 단기 투자자보다 유리하다. 시간은 언제나 장기 투자자의 편이 된다. 건전한 종목을 골라 장기적으로 보유한다면, 최소한 한 번은 수익을 내고 매도할 기회를 얻게 된다. 반면 단기 투자자는 순간의 등락에 일일이 반응해야 하므로 늘 긴장 상태에 있고, 피로가 누적되기 쉽다.

장기 투자라는 전제를 세우면, 자연스럽게 매입 전의 분석에 무게를 두게 된다. 인재 채용에서 "뽑을 때 잘해야지, 뽑은 뒤에 교육으로 보완하기는 어렵다"라는 말이 있듯, 투자에서도 처음 진입할 때가 가장 중요하다. 장기 투자자는 충분한 시간을 두고 분석하고, 가격 흐름을 세심히 살핀 뒤 매수하기 때문에 본질적인 부분에 집중할 수 있다.

매매 방식에서도 차이가 난다. 장기 투자자는 대체로 분할 매수를 하고, 매도 또한 나누어 진행한다. 한 번의 거래가 원하는 가격에서 이뤄지지 않더라도 조급해하지 않는다. 투자 대상에 대한 시각 역시 긍정적이다. 애초에 투자는 오늘의 소비를 줄이고 내일을 위한 희망에 베팅하는 행위이기 때문이다. 단기로 끝내지 않고 장기로 가져가겠다는 태도 자체가 미래를 신뢰하는 긍정의 표현이다. 그래서 일시적인 주가 하락이 있어도 미래의 회복을 기대하며 추가 매수에 나설 수 있다. 물론 근거 없는 낙관론으로 흐르는 것은 경계해야 한다. 하락의 원인을 분석하고, 기업의 체질이나 환경이 근본적으로 변하지 않았는지 반드시 검토해야 한다.

장기 투자자는 거시 지표에도 눈을 돌리게 된다. GDP 성장률이나 물가상승률 같은 지표를 살펴보며, 은행 예금처럼 명목상 금리가 있어도 물가상승률조차 따라가지 못한다면 실질 수익률이 음수라고 판단해 가입을 피한다. 대신 약간의 리스크가 있더라도 실질 수익을 보장할 가능성이 있는 자산을 선택하려 한다.

또한 장기 투자자는 투자 기간이 십수 년, 혹은 수십 년을 넘어가기 때문에 세상이 변한다는 사실을 자연스럽게 전제로 삼는다.

변화가 불가피하다고 보기 때문에 새로운 투자 수단에도 열린 태도를 유지한다. 가상화폐 같은 신생 자산에도 선입견 없이 접근하며, 변화에 적응하기 위해 끊임없이 학습하고 노력한다.

아주 긴 장기 투자는 개인의 생애를 넘어가기도 한다. 가업을 자녀에게 물려주듯, 투자 포트폴리오를 후세에 이어주는 방식이다. 이를 흔히 패밀리 오피스(Family Office)라 부른다. 여기까지 가면 투자는 단순한 개인 자산 관리가 아니라, 가문 전체의 전략으로 확장된다. 세금 절감, 상속 설계, 글로벌 자산 분산 등 고도로 전문적인 영역으로 나아가게 되는 것이다.

초보자도 가능한
간단한 3종목 자산 배분

초보자 입장에서 세 가지로 나눠 투자한다면 어떻게 하는 것이 좋을까요?

세 가지로 나누어 투자한다는 말은 특정 유망 종목을 세 개 고르라는 뜻이 아니다. 초보자라도 안정적으로 동시에 운용할 수 있는 투자 방법을 세 가지로 나누라는 의미다. 초보자에게 가장 중요한 것은 안정성이므로, 직접 종목을 고르는 것보다는 펀드에 투자하는 편이 좋다. 특히 거래가 간편한 ETF를 활용하는 것이 유리하며, 가능하다면 적립식 투자를 병행하는 것이 바람직하다. 초보자에게 권할 만한 세 가지 방법은 주가지수 ETF 투자, 코스닥벤처 펀드 투자, 그리고 크레딧 채권 펀드 투자다.

첫 번째는 가장 적극적인 투자 방법인 주가지수 ETF 매수다. 국내 투자라면 KOSPI200 지수를 추종하는 ETF를, 해외라면 미국 기술주 중심의 NASDAQ100 지수를 추종하는 ETF를 선택할 수 있다. 거래량이 많은 상품으로는 KOSPI200 지수를 따르는 삼성자산운용의 KODEX200(종목번호 069500), NASDAQ100 지수를 따르는 KODEX 미국 NASDAQ100(종목 번호 379810)이 있다. 주가지수 ETF는 적립식으로 꾸준히 사들이는 방식이 좋고, 여윳돈이 있을 때마다 또는 일정 주기를 정해 계획적으로 매수하는 것이 바람직하다.

두 번째는 벤처기업 관련 메자닌 증권에 투자하고, IPO 주식 수요예측을 통해 추가 수익을 기대할 수 있는 코스닥벤처 펀드다. 이 펀드는 최초 설정 시점에만 가입 가능한 경우가 많아 타이밍이 중요하다. 추가 가입이 가능한 '추가형 펀드'도 있는데, 이 경우에도 최소 가입 금액은 대개 1,000만 원 이상, 표준적으로는 1억 원 정도다. 네이버에서 '코스닥벤처 투자신탁 추가형'을 검색하면 여러 펀드가 나오며, 3년 이상 수익률 그래프를 확인해 음의 구간이 없는 상품을 고르는 것이 좋다. 수익률이 높을수록 자산운용사들이 전문투자자만을 대상으로 가입을 제한하는 경우가 많으므로, 먼저 전문투자자 자격을 갖추어야 한다. 또한 운용사 간 성과 차이가 크니 반드시 과거 수익률을 비교한 뒤 선택해야 한다.

세 번째는 채권 펀드 투자다. 여유 자금을 당장 운용할 곳이 없을 때나 전체 포트폴리오의 안정성을 높이고 싶을 때 채권 펀드는 좋은 선택이 된다. 국가나 공기업이 발행하는 채권은 안전하지만 수익률이 낮다. 저축은행 특판 예금 수준 이상의 수익을 원한다면 일정 수준의 신용 리스크를 감수해야 하는데, 이 경우 '크레딧'이라는 단어가 들어간 은행 계열 운용사의 펀드를 찾으면 된다. 금리 변동에 중립적인 상품을 원한다면 '단기'라는 표현이 붙은 펀드를 고르면 된다. 구글에서 '크레딧 단기 투자신탁'을 검색하면 몇 가지 상품이 나오는데, 5년 정도의 수익률을 비교해 결정하는 것이 좋다. 채권 펀드에 익숙하지 않다면 '국공채 액티브 투자신탁'을 선택해보는 것도 무난하다.

이 세 가지 투자는 단기 트레이딩이나 노후를 위한 연금 자산과는 구분해야 한다. 단기 트레이딩은 사실상 전업 투자자의 영역에 가까운 능력이 필요하므로 일반 투자자에게는 적합하지 않다. 반대로 연금 자산은 훨씬 더 계획적이고 안정적으로 운용해야 한다. 따라서 여기서 말하는 세 가지 투자법은 초보자도 시작할 수 있는 별도의 학습용, 실전용 투자 방법으로 이해하는 것이 좋다.

자산을 지키는 법

투자금이 커지면 투자 방법도 바꿔야 할까요? 그렇다면 어떻게 바꾸는 게 좋을까요?

사람은 수많은 투자법을 배울 시간이 없다. 하나의 투자법조차 시장의 좋은 시기와 나쁜 시기를 모두 겪어보며 익히려면 오랜 시간이 필요하다. 그런데 왜 투자액의 규모가 커지면 투자 방법이 달라져야 할까. 이는 투자자의 나이와 자산 형성 능력과 밀접하게 관련된다. 젊을 때 수천만 원을 잃더라도 한두 해 더 열심히 일하거나 아껴 쓰면 회복이 가능하다. 하지만 은퇴 이후에 같은 손실을 보면 상황은 전혀 다르다. 더 일하기도 어렵고 절약한다고 해서 쉽게 복구되지 않는다. 금액의 크기에 따른 심리적 차이도 크다. 손실률 10%라고 해도 100만 원의 10만 원 손실과 10억 원의 1억 원 손실은 받아들이는 감정이 다르다. 대부분 후자의 경우는 쉽게 회복할 수 없다고 느낀다.

짧게는 단기 공격적 투자의 성공, 길게는 꾸준한 적립으로 누구나 억 단위 금융자산을 가질 수 있다. 그런데 목돈이 되면 투자 방식을 바꿔야 한다. 초기에는 목돈을 만들기 위해 적극적인 투자법을 쓰지만, 그만큼 큰 손실의 리스크도 따른다. 반대로 목돈이 된 뒤에는 그 상태를 유지하는 것이 중요하다. 푼돈일 때는 부를 이루려는 의욕이 잘 안 생기니, 한 번이라도 큰돈을 만들었다면 그 돈을 지키는 데에 노력해야 한다. 그래서 안정적인 투자법을 추가하는 것이 필요하다.

앞에서 살펴본 것처럼 장기 투자에서는 주식이 가장 높은 수익률을 주며, 주가지수 적립식 투자, 더 적극적으로는 레버리지 ETF 적립식 투자가 방법이 될 수 있다. 그러나 레버리지 ETF는 장기 상승 뒤 찾아오는 하락 구간에서 손실이 급격히 커진다. 이 구간에서 원칙을 버리고 손절매를 하게 되면, 버틴 보람도 없이 마음고생만 남는다. 이런 상황을 피하려면 일정 비중을 꾸준히 수익을 내는 자산에 두는 것이 좋다. 대표적인 안정 자산은 채권이다. 예를 들어 주식으로 불린 자산이 1억 원이 되었다면, 그중 4,000만 원 정도는 채권에 두는 편이 낫다.

채권을 일부 보유하는 것은 단순히 수익률 안정화에만 그치지 않는다. 적립식 투자에서 중요한 분할 매수의 자금관리 수단으로도 활용할 수 있다. 오랜 기간 주가가 상승했다면, 향후에는 떨어질 가능성이 더 크다고 보는 것이 합리적이다. 그렇다면 매수 대비 자금을 단순히 예금에 두기보다는 채권에 투자해두었다가, 실제로 주가가 떨어지면 채권이나 채권형 펀드를 팔아 주식을 사는 식으로 전략을 짤 수 있다. 이렇게 주식과 채권처럼 움직임이 다른 자산에 분산해 투자하는 방식을 자산배분형 투자라고 한다.

물론 제대로 된 자산배분은 매우 복잡하다. 각 자산의 리스크 조정 수익률을 계산하고, 이를 가중치로 반영해 비중을 정하며, 전체 리스크를 일정 수준 이하로 관리하는 방식이다. 그러나 일반 직장인이 이런 전문적 계산을 할 필요는 없다. 전문가들이 제시한 간단한 방법을 따라도 충분하다.

투자에서는 기대 수익률 못지않게 리스크 관리가 중요하다. 리스크의 절대 크기보다 중요한 것은 투자자가 감당할 수 있느냐다. 리스크 감수 능력을 초과하면 결국 파산과 같은 결과로 이어진다. 리스크 감수 능력은 현재 자산 상태와 앞으로 들어올 소득에 따라 달라지는데, 대표 변수는 나이다. 젊을 때는 체력과 지력이 있고, 남은 시간도 많아 실패해도 복구할 수 있다. 그러나 나이가 들면 한 번의 실패가 곧 파산으로 이어질 수 있다. 그래서 젊을 때는 채권 비중을 줄이고 주식 위주로 적극적으로 투자하는 것이 합리적이고, 나이가 들수록 안정성을 중시해 주식과 채권을 60:40 정도로 나누는 것이 좋다. 간단하게는 '나이만큼 채권 비중을 두라'는 원칙도 있다. 예를 들어 20세에는 채권 20%, 주식 80%, 80세에는 채권 80%, 주식 20%로 맞추는 방식이다. 20세 이전에는 보통 금융자산이 거의 없고, 80세 이후에는 채권조차 관리하기 힘들어 그냥 예금으로 두는 경우가 많다.

이렇게 비중을 정해두더라도 시간이 지나면 주식과 채권 가격 변동으로 비율이 달라진다. 단기간에 주가가 오르면 주식 비중이 목표보다 커지는데, 이때는 일부 주식을 팔고 채권을 사서 맞춘다. 반대로 주가가 크게 떨어지면 채권을 일부 팔아 주식을 사 비중을 맞춘다. 이는 결국 평균 회귀 전략과 비슷하다. 주식은 장기적으로 우상향하지만 단기 등락은 평균으로 돌아가려는 성격이 있기 때문이다. 다만 이는 개별 종목이 아닌 주가지수에 해당한다. 개별 종목은 한 해에 반토막 나거나 두 배로 오를 수도 있지만, 지수는 그렇게 크게 움직이지 않고 장기적으로는 꾸준히 상승한다. 그래서 자산배분은 주가지수 ETF와 채권형 펀드를 활용하는 경우가 많다.

비중 조정은 귀찮기도 하고 매매 비용도 든다. 너무 자주 할 필요는 없다. 월 단위보다는 분기나 반기에 한 번 정도가 적당하다. 중요한 것은 매매 빈도가 아니라 어떤 자산을 선택하느냐. 결국 주식이든 채권이든 장기적으로 우상향할 자산을 선택해야 한다. 어느 나라의 주가지수, 어떤 채권형 펀드를 살지가 핵심이다.

적립식 투자에서
자산배분형으로 넘어가기

Q 꾸준히 적립식 투자로 자산을 모으고 있는데요, 자산 규모가 커지면 자산배분형 투자로 바꿔야 한다고 들었습니다. 구체적으로 언제, 어떻게 전환해야 할까요?

A 주식은 개별 종목보다 주가지수에 투자하는 것이 더 안정적이며, 한 번에 큰돈을 넣는 거치식보다 시간을 나누어 적립식으로 투자하는 것이 안전하다. 주가지수 적립식 투자로 금융 순자산이 커지면, 안정성을 확보하기 위해 자산배분형 투자로 옮겨가는 것이 필요하다.

'재산액이 커졌다'는 기준은 사람마다 다르다. 예를 들어 부부와 두 자녀가 있는 4인 가구에서 가장이 40세라고 하자. 남편과 아내가 맞벌이를 하면 연소득이 약 7,000만 원 정도 된다. 통상 1~2년 치 소득만큼의 별도 자산이 있으면 생활이 안정된다고 느낀다. 2년 치라면 약 1억 4,000만 원 정도인데, 이 정도가 되면 단순히 공격적인 투자만 할 게 아니라, 적극적인 운용과 안정적인 운용을 함께 고려해야 한다.

즉, 보통 직장인이 금융자산으로 1억 원에서 2억 원 정도를 모았다면, 그때부터는 단순히 불리는 것에 집중하기보다 지키는 투자도 병행해야 한다. 목돈을 만들기 위해 주가지수 적립식 투자를 이어가다가 일정 금액을 넘어서면, 그 일부를 매도해 채권이나 부동산 같은 안정 자산으로 옮기는 방식이 대표적이다. 예를 들어 금융자산이 1억 원이 되었을 때 4,000만 원 정도를 주가지수 ETF에서 팔아 채권형 펀드로 옮기고, 이후 계속 적립식 투자를 이어가다가 자산이 2억 원이 되면 채권형 펀드를 8,000만 원으로 늘리는 식이다. 소득이 더 크다면 채권형 펀드 대신 부동산을 추가하는 것도 가능하다.

물론 이 방식은 매일 자산 규모를 확인해야 하는 번거로움이 있다. 그래서 보통은 금액 목표마다 조정하기보다 시간을 기준으로 조정하는 방식을 쓴다. 앞에서 나이를 기준으로 투자 비중을 조절하는 예(주식 비중 = 100 - 나이)도 같은 개념이다. 예를 들어, 적립식 투자로 주가지수 ETF가 1억 원이 되었고 투자자가 37세라면, 주식 비중은 63%가 적정하다. 따라서 ETF는 6,300만 원만 남기고,

나머지 3,700만 원은 채권형 펀드로 옮긴다. 이후에도 적립식 투자를 이어가다가, 1년 뒤 38세가 되었을 때 다시 조정한다. 만약 주가 하락으로 ETF가 5,000만 원, 채권형 펀드가 4,000만 원이 되었다면 총 9,000만 원 중 주식 목표 비중은 62%, 즉 5,580만 원이어야 하며 580만 원 어치를 더 사야 맞게 된다. 따라서 채권형 펀드에서 580만 원을 팔아 ETF를 매수하면 된다. 이런 조정은 1년에 한 번이 너무 느리다고 느껴진다면, 반기에 한 번씩 해도 된다.

개인의 투자 성향이나 소득 수준, 자산 규모에 따라 다양한 변형도 가능하다. 소득이 안정적이고 앞으로 더 늘어날 가능성이 크다면 주식 비중을 더 높게 유지하기 위해 자산배분을 나중에 시작할 수도 있다. 각자가 소득과 자산, 리스크 감수라는 투자 성향 등이 다르므로, 누군가는 2억 원부터 자산배분형 투자로 들어가지만, 소득이 크고 자산 여유가 있는 사람이라면 4억 원부터 시작해도 된다.

특히 투자 자산의 가격 변동이 매우 크다면, 시간 기준보다는 금액 기준으로 비중을 조정하는 것이 더 적절할 때도 있다. 적극적인 투자자라면 미국 주가지수 3배 레버리지 ETF로 적립식 투자를 하는 경우도 있을 텐데, 이 경우 자산이 금세 두세 배로 불어날 수 있다.

그러나 동시에 주가지수가 조금만 하락해도 자산이 급격히 줄어든다. 이런 때에는 미리 목표 금액을 정해두고, 그에 도달하면 정해둔 금액(잘 모르겠으면 절반 정도)을 팔아 채권형 펀드를 사둔다.
이후 다시 월별 적립식 투자를 이어가면 된다.

40~50대에 꼭 필요한 전략

그동안 주식만 해왔는데 이제는 좀 더 안정적인 투자를 하고 싶어요. 채권 투자를 고려하는 중인데, 어떻게 시작해야 할까요?

금융투자에서 전통적으로 거론되는 자산은 주식과 채권이다. 주식은 지분 소유권으로, 기업의 이익을 배당으로 받아갈 권리를 의미한다. 채권은 채무증권으로, 정해진 이자와 원금을 받을 권리를 가진다. 채권은 대표적인 안정적 투자수단이며, 자산배분형 투자에서도 채권형 펀드가 자주 활용된다. 채권에 투자하려면 필연적으로 부도 가능성에 대해 알아야 하는데, 나이가 들수록 기업과 금융에 대한 이해도가 자연적으로 높아지니 중년 이후에는 채권 공부가 더욱 필요하다.

채권은 본래 양도 가능한 채무 증서를 뜻한다. 국가가 발행하면 국채, 지방자치단체가 발행하면 지방채, 한국전력과 같은 공기업이 발행하면 공사채, 일반 주식회사가 발행하면 회사채라고 부른다. 채권은 기본적으로 주식보다 거래 단위가 크다. 개인이 주식은 수십만 원에서 수백만 원 단위로도 매수할 수 있지만, 은행에서 대출을 받으려면 수천만 원에서 수억 원 규모로 받아야 한다. 대출은 소득과 재산 상황, 기존 부채 내역까지 공개해야 하고 서류 준비도 복잡하다. 주식처럼 수배의 이익이 가능한 것도 아니고, 겨우 몇 퍼센트 이자를 받는 구조이니 은행 입장에서 대출은 금액 단위가 클 수밖에 없다. 채권도 이와 비슷하다. 다만 채권은 매매 가능한 증서 형태이므로 보유자가 바뀌어도 원금과 이자를 받을 권리가 유지된다. 그만큼 규제와 안전장치가 필요해 한 번 발행되는 금액도 크고, 거래 단위도 크다. 기관투자자 간에는 100억 원 단위로 거래하고, 소형 기관도 기본적으로 수억 원 단위로 거래한다.

채권은 이처럼 큰 금액으로 거래되며, 이자와 원금을 지급받는 구조이므로 매수 시점에서 만기 보유 수익률이 사실상 확정된다는 점에서 주식보다 안정적이다. 채권을 공부하다 보면 표면금리, 유통수익률, 잔존기간, 듀레이션(Duration) 같은 개념을 접하게 된다. 유통수익률은 시장 금리에 부도 리스크 프리미엄이 더해져 결정된다. 시장 금리를 이해하려면 경제성장률과 물가상승률을 알아야 하고, 부도 리스크를 이해하려면 기업 재무제표와 부도 확률까지 공부해야 한다.

이 모든 것을 완벽히 이해하고 투자하기는 쉽지 않다. 제대로 하려면 환율까지 고려해야 한다. 그래서 보통의 직장인 입장에서는 "채권이 주식보다 안정적이라는 점은 알겠는데, 어떻게 투자해야 하고 어떤 공부가 필요한가"가 핵심적인 질문일 것이다. 일반적으로는 국채부터 시작한다. 한국에서는 1997년 IMF 외환위기 이후 은행이 파산한 경우가 드물어, 국채보다는 약간 신용도가 낮은 은행채에 투자하는 경우도 있다. 다만 은행채는 특판 예금보다도 금리가 낮을 때가 많아, 투자자들은 대기업이 발행하는 회사채까지 눈을 돌린다. 삼성전자, 현대차, 포스코, LG화학 같은 대기업 회사채는 안정적이지만, 수익률이 낮아 더 작은 기업의 채권까지 검토해야 할 때가 많다.

이 과정에서 하이일드(High Yield) 채권이 등장한다. 이는 발행 기업의 신용등급이 낮아 더 높은 금리를 줘야 매수자를 확보할 수 있는 채권으로 보통 BBB 이하 등급이다. 신용등급은 보통 1년 이상 장기 발행물에 대해 평가되며, 크게 투자적격 등급과 투기 등급으로 나뉜다. 투자적격 최하단에 가까운 BBB 등급은 한국에서 대표적인 하이일드 채권으로 분류된다. 과거에는 대한항공, 아시아나항공도 하이일드 등급 채권을 발행한 적이 있다. 하지만 하이일드 채권은 부도 가능성이 실제로 존재한다. 몇백만 원 이자 더 받겠다고 하다가 수억 원어치 채권이 휴지조각이 될 수도 있으니, 개인 투자자가 직접 접근하기에는 위험하다. 이 때문에 대부분의 경우 전문가가 운용하는 펀드를 통해 간접적으로 투자하는 것이 바람직하다.

하이일드 채권이나 BBB, A 등급 회사채는 Credit Risk 채권, 즉 신용 리스크가 있는 채권으로 분류된다. 이를 중심으로 투자하는 펀드도 많다. 공부를 더 하고 싶다면 증권사 리서치 센터 자료나 구글 검색으로 '채권 투자 전략', 'Credit 채권 리서치' 같은 자료를 찾아보면 된다. 하지만 직장인이 직접 개별 채권을 분석하기는 어렵고, 현실적으로는 펀드를 활용하는 편이 낫다.

채권 중에서도 메자닌(Mezzanine) 채권이나 정크본드(Junk Bond, BB 이하 신용등급 채권)는 구조가 복잡하고 리스크가 커서 일반 직장인에게 적합하지 않다. 따라서 크레딧 채권에 투자하고 싶다면, 'Credit 채권 투자신탁' 같은 펀드를 검색해 오래 운용되었고 꾸준히 수익을 내며, 펀드 규모도 충분히 큰 상품을 고르는 것이 안전하다. 시장금리 변동에 덜 휘둘리고 싶다면 '단기'라는 단어가 붙은 상품을, 더 높은 수익률을 원한다면 '액티브(Active)'가 붙은 상품을 선택하면 된다. 참고로 은행이나 금융지주 계열 자산운용사는 위험한 투자를 제약하는 경우가 많으므로, 위험성을 줄이려면 이 점도 고려할 만하다.

다만 A나 BBB 등급 기업도 경제위기에는 부도날 수 있다. 부도 확률은 낮지만, 채권 펀드가 여러 종목을 분산 투자한다 해도 위기 시에는 손실이 전파될 수 있다. 따라서 장기 투자에서는 이런 리스크를 피하기 위해 국공채 펀드 위주로 가는 방법도 있다. 크레딧 채권이 포함된 펀드에 투자하려면, 어느 정도는 기업 리스크 분석과 경제 사이클에 따른 부도 리스크 증가 여부를 이해해야 한다. 단지 수익률 1%를 더 얻고자 자신의 이해 수준을 넘어서는 펀드에 투자하는 것은 피해야 한다.

고위험 고수익, 전문가 활용법

투자에 대해 체계적으로 배우고 싶습니다. 유튜브나 방송이 아닌, 실제 시장에서 운용 경험이 있는 펀드매니저에게 직접 배울 수 있는 기회가 있을까요?

투자 전문가라고 하면 흔히 펀드매니저를 떠올린다. 은행이나 증권사 지점의 영업 직원은 쉽게 만날 수 있지만, 펀드매니저는 어떻게 만날 수 있을까? 투자신탁운용사, 자산운용사, 은행·증권·보험 본사의 자산운용팀 등에서 많은 펀드매니저와 그 이상의 전문가들이 활동해왔을 텐데, 지금 그들은 어디에서 무엇을 하고 있을까? 이들을 만나야 투자 실력이 늘고, 자산이 커진 뒤에도 지키고 불려 나갈 수 있다. 금융투자 업계는 다른 업종에 비해 정년이 짧아, 회사를 떠난 이들이 개인 투자자로 활동하거나 소규모 금융투자업자로 전환하는 경우가 많다. 이 소형 금융투자업자를 잘 활용하면 펀드매니저급, 혹은 그 이상의 경력을 지닌 전문가들을 가까이에서 만날 수 있고, 실질적인 투자 지식도 얻을 수 있다.

대표적인 소형 금융투자업자는 투자일임업자와 투자자문업자다. 이들은 자본시장과 금융투자업에 관한 법률에 규정된 업종으로, 금융위원회에 등록해야 영업할 수 있고, 매월 재무제표를 금감원에 보고하며, 분기마다 재무제표와 영업 상황을 금융투자협회 공시시스템 등에 공개한다. 등기임원에 대해서는 신원조회까지 거쳐야 한다. 전반적으로 상장사에 준하는 규제를 받고, 금융회사 지배구조법의 규제도 적용된다. 투자일임업·자문업은 비교적 적은 자본으로도 창업이 가능하다. 전문투자자 대상 투자일임업은 5억 원, 투자자문업은 2억 5,000만 원이 기준이다. 그 덕분에 금융권 퇴직자들, 특히 40~50대 출신들이 많이 창업한다. 이 중에는 펀드매니저를 넘어 운용본부장급 경력을 가진 사람도 적지 않다. 규모가 작은 회사는 창업자나 동업자가 직접 고객을 상대하는 경우가 많다.

투자자문은 말 그대로 조언이다. 고객과 자문 계약을 맺고 투자 방향이나 대상의 가치를 상담해주지만, 그 조언을 반드시 따를 의무는 없다. 영어로 Investment Advisory라 하며, 일종의 가이드 역할에 가깝다. 반면 투자일임은 고객의 계좌에 대한 주문 권한을 맡아 대신 운용하는 방식이다. 요즘에는 자문과 일임의 중간 형태도 생겼다. 자문 계약을 맺고, 자문사가 "이 주식을 몇 주 사라"라는 식으로 문자나 앱으로 알리면, 고객이 버튼을 눌러 그대로 주문이 실행되는 방식이다. 형식은 자문이지만 사실상 일임처럼 작동한다. 그래서 현실적으로는 자문과 일임의 경계가 흐려지고 있다.

투자일임과 펀드는 비슷해 보이지만 차이가 있다. 펀드는 집합투자기구로, 여러 사람의 돈을 모아 펀드매니저가 대신 운용한다. 투자자는 평등하게 대우받아야 하므로 정당한 사유 없이 특정 고객이 펀드매니저와 직접 소통할 수 없고, 개별 상담도 불가능하다. 반면 투자일임은 개별 계약이므로 고객 맞춤 대응이 가능하다. 이런 점 때문에 투자일임을 맡기면 펀드매니저급 이상의 전문가에게 직접 전략과 세부 운용 이야기를 들을 수 있다.

투자일임의 가장 큰 특징은 실시간으로 운용 과정을 확인할 수 있다는 것이다. 고객은 자신의 명의로 증권사 계좌를 열고 투자일임업자와 계약을 맺는다. 증권사는 계약 사실을 확인하고, 투자일임업자가 그 계좌에 매수·매도 주문을 낼 수 있게 해준다. 하지만 돈이나 증권을 인출할 권한은 없다. 고객은 HTS 등을 통해 주문 내역을 실시간으로 확인할 수 있고, 어떤 종목을 왜 사고 파는지 물어볼 수도 있다. 물론 과도하게 업무를 방해하지 않아야 하고, 일임업자도 모든 것을 공개할 의무는 없다.

예전에는 자문이나 일임이 고액 자산가만의 영역이었다. 2010 년대 이전에는 계약 최소 단위가 10억 원인 경우도 있었다. 하지만 2010년대 초반 자문형 랩이 유행하며 자문사와 일임사가 늘었고, 2010년대 중반 전문투자자 일임업 제도가 신설되면서 시장이 크게 확대되었다. 이제는 전문투자자 자격이 있으면 비교적 적은 금액으로도 투자일임을 맡길 수 있고, 일임업자와 직접 소통할 수도 있다.

현재 투자일임에서 흔히 다루는 분야는 공모주, 메자닌 증권, 업종 ETF, 주식·채권 ETF 등 비교적 단순한 자산이다. 가입 자체는 어렵지 않지만, 일임업자와 제대로 소통하려면 기본 지식은 갖춰야 한다. 특히 전문투자자 대상 일임업자가 많기 때문에, 투자자도 자본시장법 시행령에 규정된 전문투자자 요건을 충족하는 것이 좋다. 재무·회계 관련 자격증이 요구되는데, 금융투자협회가 시행하는 투자자산운용사 자격증을 취득하는 것을 권한다. 이 정도 지식은 있어야 일임업자와 원활히 대화할 수 있다.

투자일임을 선택하는 이유는 단순히 수익률 때문만은 아니다. 펀드매니저 이상의 전문가와 직접 소통하며, 그들의 운용 철학과 방식을 배우려는 목적도 크다. 일임업자는 PB보다 자산운용에 대해 훨씬 깊은 이해를 갖고 있다. 이들을 단순히 상품 판매자로 볼 것이 아니라, 시장 대응법, 현금관리, 투자 구조 설계 등 다양한 관점을 배울 수 있는 전문가로 대해야 한다. 경험이 많은 일임업자는 복잡한 금융상품에 대해서도 설명해줄 수 있다.

소규모 일임사는 많기 때문에, 고객이 여러 곳과 동시에 거래하는 것도 흔하다. 전략과 상품 특징을 충분히 설명해주는 곳과 거래해야 하며, 가능하다면 두 곳 이상과 함께하는 것이 좋다. 투자 세계에서 신비주의는 통하지 않는다. 유명인이라고 해서 반드시 잘하는 것도 아니다. 결국 본인의 수준에 맞게 충분히 설명해주고, 납득할 수 있는 대화를 할 수 있는 곳과 함께해야 한다.

투자일임업과 투자자문업
제대로 활용하기

좋은 투자일임 회사나 상품을 고를 때 어떤 점을 봐야 하나요?

펀드 운용회사의 고객, 즉 펀드에 투자하는 사람과 투자일임회사의 고객을 비교해보면, 투자일임 고객이 훨씬 더 전문가와 가까이 소통할 수 있고, 보다 맞춤형 서비스를 받을 수 있다. 이런 이유로 재산 규모가 커지면 투자일임을 반드시 알아두어야 한다. 펀드와 달리 투자일임에서는 고객이 운용 과정에 참여할 수 있으며, 이것이 가장 중요한 차이점이다. 펀드는 여러 사람의 돈을 모아 전문가가 대신 운용하는 구조이고, 펀드매니저는 특정 고객을 차별적으로 대할 수 없으므로 특정인의 요구에 따라 운용할 수 없다. 반면 투자일임은 개별 계약이므로 고객

한 명과 전문가가 일대일로 연결되고, 맞춤형 투자가 법적으로 보장된다. 실제로 자본시장법과 그 시행령, 금융투자업 규정에는 투자자가 특정 증권의 매매를 요구할 수 있고, 일임업자는 이에 응해야 한다고 명시되어 있다.

이처럼 투자일임은 고객 맞춤형으로, 매우 적극적인 투자도 가능하다. 그렇기에 투자일임업자를 신중히 선택하는 것이 중요하다. 모든 금융투자업자는 분기마다 영업 내용을 공시해야 하는데, 보통은 회사 홈페이지의 공시 메뉴에 보고서를 업로드한다. 하지만 업체마다 웹사이트를 찾기 번거롭고, 웹사이트가 없는 경우도 있다. 이럴 때 금융투자협회의 전자공시서비스(dis.kofia.or.kr)를 활용하면 편리하다. 공시 검색 메뉴에서 업권별로 '투자일임'을 선택하고 정기 보고서를 검색하면, 등록된 모든 투자일임업체의 자료가 나온다. 이 보고서를 보면 회사의 연혁, 규모, 임직원 수, 자산·부채·자본 총계, 고객 수와 운용 금액까지 확인할 수 있다. 처음에는 규모가 크고 역사가 오래된 회사를 선택하는 것이 안전하지만, 어느 정도 경험이 쌓이면 개성이 있거나 특화된 회사를 찾아보는 것도 좋다.

투자일임업체를 비교할 수 있는 또 다른 방법은 증권사의 자문사 플랫폼을 활용하는 것이다. 과거에는 투자일임과 투자자문을 구분하지 않고 '자문사'로 부르는 경우가 많았고, 증권사들은 계약된 여러 업체를 소개하는 플랫폼을 운영했다. 2010년대 초 자문형

랩이 유행할 때 만들어졌지만 곧 인기가 사라졌고, 이후 한국투자증권, 미래에셋증권 등이 다시 운영했었다. 지금은 대부분 축소되었으나, 삼성증권이 여전히 자문사 플랫폼을 적극적으로 운영하고 있다. 구글에서 삼성증권 자문사 플랫폼을 검색하면 '투자자문사 연계서비스 | 자산관리' 메뉴가 나오고, 등록된 회사 목록과 소개, 상품 방향을 볼 수 있다. 삼성증권은 자문과 일임을 구분해 제공하고 있으며, 2025년 1월에는 HTS 안에 투자일임 플랫폼 메뉴까지 신설했다. 여기서 원하는 회사를 찾고 직접 문의하거나, 개별 회사명을 검색해 연락해볼 수도 있다.

펀드를 유형별로 구분해 공부하듯, 투자일임도 투자유형별로 이해해야 한다. 소규모 투자일임사는 직원 수가 5명 내외인 경우가 많고, 이들의 전략은 다음과 같이 나눌 수 있다. 첫째, 전통적인 액티브 주식 투자다. 둘째, 공모주 투자 일임으로, IPO 수요 예측에 참여해 수익을 얻는 방식이다. 개인은 고위험고수익채권투자신탁을 통해서만 참여할 수 있으므로, 채권 투자와 함께 이뤄진다는 특징이 있다. 이 때문에 하이일드 투자 일임이라고도 불린다. 셋째, 채권 투자 일임이 있다. 개인이 직접 투자하기 어려운 채권 시장을 대신 운용해주는 방식으로, 한국채권투자운용, 글루온채권투자일임, 미국 채권 자문을 하는 GB투자자문 등이 대표적이다. 넷째, 업종별 ETF에 분산 투자하는 방식이다. 개별 종목은 리스크가 높고, 전체 주가지수는 느리게 움직이므로, 업종별 ETF를 활용해 분산 투자하는 경우가 많다. 이 외에도 연금 관련 일임이나 해외 ETF 투자 등을 다루는 업체도 있다.

액티브 주식 투자 업체를 고르는 방법은 주식형 펀드를 고를 때와 크게 다르지 않다. 처음에는 안정적인 공모주 투자 일임을 경험해보기를 권하며, 채권 지식을 쌓고 싶다면 채권 투자 일임을 시도해 보는 것도 좋다. 더 전문적으로 들어가면 비상장주나 펀드 투자 등으로 확장할 수 있지만, 일반 직장인이라면 채권 투자 일임까지 경험해보는 것이 적절하다. 영어 자료를 이해할 수 있다면 외국 ETF에 투자하는 일임으로 범위를 넓히는 것도 가능하다.

고수익 투자 성공 스토리

요즘처럼 경기가 어려운 때에도 고수익 투자로 성공하는 사례가 있는지 궁금합니다.

경기가 어려울 때에는 고수익을 노리는 투자, 곧 하이 리스크를 감수해야 하는 투자가 쉽지 않다. 이런 시기에는 예금자 보호 한도 내에서 저축은행 특판 금리 예금이나 입지가 좋은 곳의 부동산 투자가 검토 대상이 될 수는 있지만, 주식처럼 변동성이 큰 투자에 과감히 나서기는 힘들다. 예금보다 조금 더 높은 수익을 기대할 수 있는 것이 채권이고, 여기에 주식과 연계된 권리를 붙여 추가 수익을 노릴 수 있는 투자 대상이 있다. 이를 메자닌 증권이라 하며 대표적으로 전환사채(CB), 신주인수권

부사채(BW), 교환사채(EB), 상환전환우선주(RCPS) 등이 있다. 앞의 세 가지는 흔히 주식 관련 사채라 불린다. 주식으로 전환하거나, 정해진 가격에 새 주식을 사거나, 다른 회사의 주식으로 교환할 수 있는 권리가 붙어 있어, 주가가 낮을 때는 채권으로서 원리금 상환을 보장받고, 주가가 오르면 권리를 행사해 주식으로 전환한 뒤 매도해 더 큰 수익을 얻을 수 있다. 상환전환우선주는 만기에 원리금을 상환받거나 주식으로 전환할 수 있다는 점에서 비슷하지만, 처음부터 지분증권 형태로 발행된다는 점에서 주식 관련 사채와 다르다.

불황기에는 기업의 주가가 전반적으로 하락하고 부도 가능성이 커지며 은행 대출 금리도 높아진다. 이때 기업은 은행에서 빌리지 않고, 미래 회복을 믿는 투자자들을 모아 주식 관련 사채를 발행해 자금을 조달한다. 투자자는 재무 건전성이 상대적으로 좋은 기업을 고르고, 주가가 낮은 상태라면 향후 상승 가능성을 보고 투자한다. 주가가 오르지 않아도 채권으로서 원리금을 받을 수 있고, 주가가 오르면 전환권을 행사해 추가 수익을 얻는 구조다. 이 방식은 불황기뿐 아니라 벤처기업 투자에도 널리 쓰인다. 벤처기업은 성공 가능성을 예측하기 어려워, 기본적으로는 원리금 지급을 보장하는 채무증권을 발행하되, 기업 가치가 오를 경우 주식으로 바꿀 수 있는 권리를 붙여 자금을 모은다. 이렇게 하면 이자 부담을 줄이는 효과도 있다. 메자닌 투자는 초기 단계부터 IPO 직전 단계

(pre-IPO)까지 폭넓게 활용된다.

메자닌 증권은 거래소에서 직접 사고팔 수 있는 경우도 있으나, 대부분은 장외에서 발행되고 유통된다. 따라서 개인 투자자는 장외 시장에 접근할 수 있는 메자닌 펀드를 통해 투자하는 경우가 많다. 메자닌 펀드의 평균 수익률에 대한 공식 통계는 없지만, 2010년대 중반 이후의 사례를 보면 연 10% 이상 수익을 기록한 경우가 흔하다. 특히 2021년 주가지수가 크게 하락한 이후에도 일부 운용사는 꾸준히 10% 이상의 수익률을 내왔다. 어떤 운용사가 좋은 성과를 내는지는 구글에 '메자닌 전문 운용사 수익률'을 검색하면 확인할 수 있다. 다만 우수한 성과를 내는 운용사들은 대부분 전문투자자를 대상으로 펀드를 모집하므로, 투자자도 미리 전문투자자 자격을 갖추어야 한다.

실무에서는 단순 메자닌 펀드보다 코스닥벤처펀드를 더 권하는 경우가 많다. 메자닌 투자 비중을 일정 수준 유지하면서 IPO 수요 예측에서 높은 비율로 공모주를 배정받을 수 있기 때문이다. 코스닥 벤처 기업에 집중하여 투자하는 펀드는 1999년에도 존재했다. 2018년 이후에는 법제화되어 조세특례제한법에 따른 벤처기업투자신탁으로 규정되었고, 일정 조건을 충족하면 IPO 공모주를 매우 높은 비율로 받을 수 있게 되었다. 코스닥 상장사 중 벤처기업에서 졸업한 기업이라도 일정 조건을 충족하면 편입할 수 있도록 설계된 점이 특징이다.

　　코스닥벤처펀드는 메자닌을 중심으로 투자하면서 IPO 공모주 배정을 크게 받기 때문에, 공모주 시장이 활황일 때에는 수익률이 30~40%까지 오르기도 했다. 시장이 보통 수준일 때에도 20% 내외의 수익을 기록하는 경우가 많았다. 물론 변동성도 크다. 벤처기업 주식과 주식 관련 사채의 비중이 높다 보니 경우에 따라 펀드 수익률이 마이너스로 떨어지기도 한다. 코스닥벤처펀드에 관심이 있다면 '코스닥벤처 펀드 전문 운용사'로 검색해 여러 운용사를 확인하고, 성과가 반복적으로 언급되는 회사를 중심으로 상담해보는 것이 좋다. 다만 이 역시 우수한 성과를 내는 운용사들은 전문투자자 중심으로 가입자를 받기 때문에 투자자도 사전에 전문투자자 자격을 준비해야 한다.

3

PART

노후가 든든해지는 연금 설계

연금, 미리 준비해야 하는 이유

30대 후반 직장인입니다. 갈수록 은퇴 여건이 나빠지고 있다고 들었는데 앞으로 상황은 어떤가요? 이러한 은퇴 여건 변화에 대응하려면 어떻게 하는 것이 좋을까요?

살면서 건드리면 안 되는 세 가지가 있다고 한다. 그것은 바로 '잠자는 사자의 코털', '나무에 달린 벌집', 그리고 나머지 하나가 '배우자의 연금'이다. 이렇듯 요즘은 아무리 사이좋은 부부라도 연금만큼은 서로 손을 대지 않는 영역이 된 것이다. 그만큼 연금은 특별하다. 왜일까? 연금은 은퇴 이후 긴 여정을 버텨내는 배낭과 같기 때문이다.

젊을 때는 은퇴가 너무 멀리 있어서 이런 말이 실감 나지 않만, 월급이 끊기는 순간, 매달 꼬박꼬박 들어오는 연금의 가치는 단순한 돈 그 이상의 의미가 된다. 독일의 사회학자 게오르크 짐멜은 "돈은 자유다"라고 말했다. 그 말처럼, 은퇴 후 연금에서 나오는 안정적인 현금 흐름은 물질적 독립이자 정신적 자유의 토대가 되는 것이다.

그렇다면 연금 준비는 왜 젊을 때부터 서둘러야 할까? 결론부터 애기하면 미래의 연금 환경은 지금과 크게 달라질 것이고, 일찍 준비한 사람만이 은퇴 후 삶에서 여유를 누릴 수 있기 때문이다. 한때, 우리나라도 인구 과잉 우려로 출산 억제 정책을 추진하던 시절이 있었다. 그로부터 50년 후 지금은 저출산을 막기 위해 출산 장려 정책을 실시하고 있고 인구 고령화를 걱정하고 있다. 이렇게 빠르고 복합적으로 변하고 있는 은퇴 환경은 반드시 젊은 세대의 미래 연금 환경에 영향을 줄 것이다. 지금 우리의 은퇴 환경은 어떠한가?

첫째, 평균수명이 늘어나면서 사망 시점 이전에 은퇴자산이 고갈되는 위험을 막기 위해 노후 대비가 필요한 상황이지만 실제는 그렇지 못하다. 우리나라 노인 빈곤율은 2014년 기초연금제도 도입 이후 다소 완화되었으나 여전히 높다. 2021년 기준 우리나라 노인 빈곤율은 34.2%로 OECD 회원국 중 가장 높다. 65세 이상 고용률도 꾸준히 오르고 있지만, 절반 이상은 '생활비를 벌기 위해' 일하고 있다는 점이 문제다. 단순한 건강관리나 취미 차원의 일이 아니라 생계를 위해 다시 노동시장에 나서야 한다는 것은 결코 가볍게 볼 일이 아니다.

둘째, 은퇴 생활에 대한 연금의 보장성을 의미하는 연금 소득대체율이 매우 낮다. 2023년 기준 우리나라의 국민연금 소득대체율은 31.2%로 OECD 평균인 50.7%에 한참 못 미친다. 더 중요한 사실은 국민연금만으로는 노후생활비를 충당하기에 턱없이 부족하다는 것이다. 한국은행 조사에 따르면 은퇴 후 부부의 적정 생활비와 최소생활비는 각각 월 336만 원과 월 240만 원인데, 실제 국민연금 수급자의 월평균 수령액은 62만 원에 불과하다. 국민연금만으로는 턱없이 부족하다는 얘기다.

셋째, 빠른 고령화와 저출생이 지속되면서 노인 부양 부담이 계속 커지고 있다. 자녀 세대에게 가중되는 이러한 노인 부양 부담은 자칫 세대 간의 갈등 문제로 이어질 수도 있다. 다음 그림의 우리나라 노인부양 인구비를 보면, 15세 이상 64세 이하 인구 100명당 부양해야 할 65세 이상 노인의 수는 2024년 기준 27.4명으로 세계 평균 17.1명보다 10명 이상 많다. 그런데 향후 추계에 의하면 2050년에는 77명으로 세계 평균 30명보다 두 배 이상 늘어날 전망이다.

넷째, 기대수명이 늘면서 노인 의료·복지 지출이 급증하고 있다. 노령화 영향으로 노인 보건과 의료 및 복지 등에 대한 정부 지출이 늘어나고 있고, 이는 연금 부문에도 부담으로 작용하고 있다.

아래 그림과 같이 2024년 우리나라 노령화지수(14세 이하 인구 100 명에 대한 65세 이상 인구의 백분율)는 181%로 세계 평균의 세 배에 달한다. 2050년에는 500%를 넘어설 것으로 예상된다. 정부 재정 부담은 커지고, 연금 환경은 더욱 불안정해질 수밖에 없다.

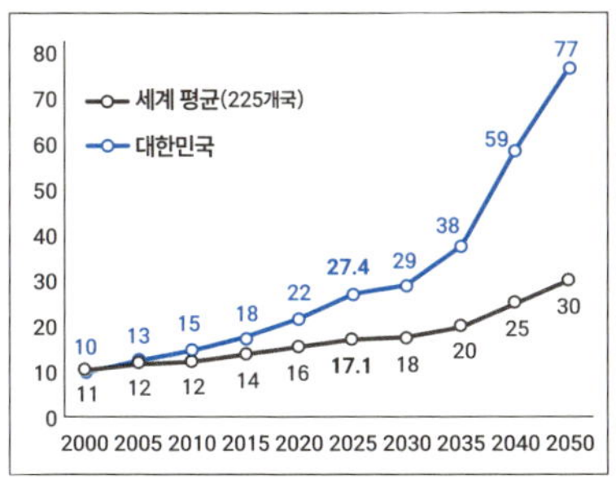

노인부양 인구비(%)

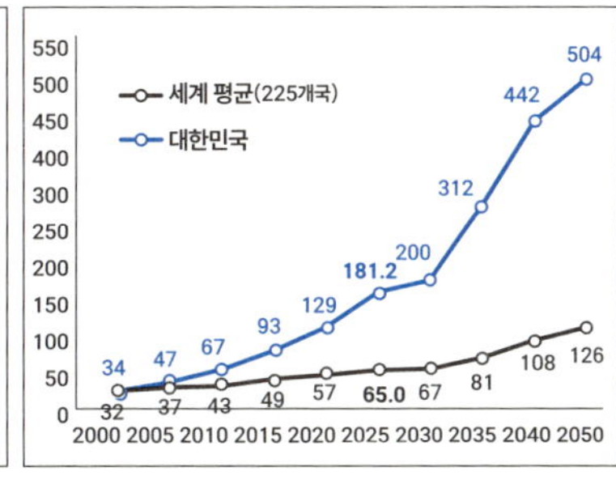

노령화지수(%)

이 모든 상황을 종합하면 지금 우리의 은퇴 여건은 결코 만만치 않다. 그렇기에 해법은 '일찍 시작하는 것'이다. 서양 속담에 "음악이 바뀌면 춤도 바뀌어야 한다"라는 말이 있다. 세상이 변하면 우리의 생각과 행동도 달라져야 한다는 뜻이다.

단순한 예로, 개인연금에 매달 10만 원을 30년간 연 3% 금리로 넣는다고 가정해보자. 세액공제 혜택만 594만 원이고, 모이는 돈은 5,827만 원에 이른다. 장기 상승하는 투자상품을 활용하면 그보다 더 큰 연금자산을 기대할 수도 있다. 복리 효과와 장기투자라는 두 가지 무기는 이미 수많은 사례로 검증된 노후 자산 증식의 열쇠이다.

　현명한 젊은 세대라면 노후 기초생활을 보장하는 국민연금에 더하여 퇴직연금으로 안정된 생활을 추구하고, 개인연금으로 여유로운 삶을 준비할 것이다. 그러므로 나에게 맞는 연금관리와 개인연금 가입은 일찍 서두르는 것이 좋다. 연금자산의 복리 효과와 장기 투자 효과에 대한 신념을 가져보자. 그리고 미래 은퇴 준비에 대한 시기 결정을 미루지 말자. 일찍 준비하는 것이 무조건 최선이다.

연금액을 늘리기 위한
국민연금 보완제도 활용 방법

육아로 잠시 퇴직했다가 최근 다시 직장에 복귀한 40대 중반 여성입니다. 그동안 내지 못한 국민연금을 다시 납부할 수 있다고 들었는데 가능한지 궁금합니다.

직장에 들어가면 자동으로 의무 가입되는 국민연금은 국가가 운영하는 대표적인 공적연금제도다. 사회보장 성격이 강하고 제도가 복잡하기 때문에 꼼꼼히 챙기지 않으면 놓치기 쉬운 혜택이 많다. 많은 사람이 연금을 받는 시점에 가서야 비로소 관심을 두는데, 사실 형편에 따라 더 많이 받을 수 있는 방법들이 있음에도 불구하고 놓치는 경우가 많다.

국민연금의 가장 큰 특징은 종신연금이라는 점이다. 다른 연금과 달리 물가상승률이 반영된 금액을 평생 받을 수 있다. 건강하게 오래 살수록 어떤 금융상품보다도 효율적이고, 노후생활의 주춧돌 같은 소득원이 된다. 또 하나의 특징은 상대적으로 소득이 낮은 가입자에게 유리하게 설계되어 있다는 점이다. 노후의 기초생활을 보장하는 성격이 강하기 때문이다. 그리고 평균 소득대체율을 적용하여 연금액을 산정하기 때문에 소득 재분배 기능도 한다. 즉, 소득이 많은 사람은 낸 보험료에 비해 상대적으로 적게 받고, 소득이 적은 사람은 낸 보험료에 비해 더 많이 받게 된다.

그런데 한 번쯤 "국민연금 기금이 2065년에 소진된다"라는 기사를 본 적이 있을 것이다. 이를 본 사회 초년생이나 젊은 세대는 '내가 낸 국민연금, 정말 받을 수 있을까?'라는 의문을 품을 것이다. 결론부터 말하면 '받는다'가 정답이다. 다만 기금이 고갈될 경우, 연금은 그해 걷은 보험료로 충당하는 부과방식으로 전환될 수 있으며, 부족한 부분은 정부 재원이나 다른 방법으로 메워 지급하게 된다.

그렇다면 지급 개시 연령이 되면 받게 되는 국민연금 수령액은 어떻게 정해질까? 계산 방식은 복잡하지만, 원리를 알면 연금액을 늘리는 방법을 이해하는 데 도움이 된다. 연금액은 기본연금액에 지급률을 곱하고, 여기에 부양가족연금액을 더해 산정된다. 기본연금액은 전체 가입자 대상 소득(A값)과 가입자 본인의 소득(B값)으로 구성된다. A값은 최근 3년간 물가를 반영한 전체 가입자의 평균소득월액의 평균액에 비례하고, B값은 본인의 가입기간 동안의 기준소득월액의 평균액에 비례한다. 따라서 연금을 더 많이 받으려면 본인의 가입기간을 늘리고, 가입기간 동안의 소득 수준을 높이는 것이 핵심이다.

국민연금은 연금 사각지대를 줄이기 위해 가입기간을 늘릴 수 있는 여러 보완제도를 운영한다. 대표적인 것이 '크레딧' 제도, '추후납부' 제도, 그리고 '반환일시금 반납' 제도다.

크레딧 제도는 사회적으로 가치 있는 행위에 대해 가입기간을 추가로 인정해주는 방식이다. 출산크레딧, 군복무크레딧, 실업크레딧이 대표적이다. 출산이나 군복무, 실업 등으로 소득이 없어 보험료를 내지 못한 특정 가입자가 활용할 수 있다. 다만 강제 규정은 아니고, 본인의 상황에 따라 선택할 수 있는 옵션이다.

추후납부 제도는 과거에 실직 등으로 보험료를 제때 내지 못했을 경우, 나중에 다시 납부하여 가입기간을 늘릴 수 있는 방법이다. 현재 보험료를 내고 있는 가입자라면 신청할 수 있으며, 국민연금공단 홈페이지나 앱을 통해 추후납부 가능 기간을 확인하면 된다. 한때 기간 제한이 없어서 '강남 사모님의 재테크'라는 말이 나오기도 했지만, 지금은 최대 119개월까지만 가능하다. 최소 가입기간인 10년을 채우지 못한 가입자에게 특히 유용하다. 다만 추후납부 금액은 과거 미납 당시 금액이 아니라 신청 시점의 보험료 기준으로 계산된다. 임의가입자인 경우 추후납부를 위한 연금보험료는 별도로 상한을 두고 있다. 추후납부는 분할납부도 가능해 추후납부 가능 기간을 월 단위로 분할하여 60회 범위 내에서 분할도 가능하다. 분할 시에는 정기예금 금리 수준의 이자가 붙는다. 전액 소득공제가 가능하므로 절세효과도 있다. 하지만 굳이 서둘러 낼 필요는 없다. 연금수령 개시 이전까지만 납부하면 되기 때문이다. 대신 '상계월수'를 계산해보고 결정하는 것이 현명하다. 예를 들어 500만 원을 추후납부해 매달 연금이 5만 원 늘어난다면, 500만 원 ÷ 5만 원 = 100개월, 즉 8년 4개월이 상계월수가 된다.

반환일시금 반납 제도는 과거에 가입자 자격을 잃고 반환일시금을 받았다가, 다시 자격을 얻었을 때 반환일시금을 돌려주고 가입 기간을 복원하는 제도다. 반납금은 받았던 반환일시금에 신청 전월까지의 이자를 더한 금액으로 산정된다. 분할납부도 가능하며, 납부 기간별 횟수는 추후납부와 동일하다. 다만 지금은 대상이 제한적이다. 국적을 잃었다가 다시 회복했거나, 해외로 이주했다가 돌아온 경우에만 가능하다. 예외적으로 1999년 이전에 반환일시금을 받은 후 지금 가입자격을 유지하는 경우라면 반납할 수 있다. 그 시기의 소득대체율이 지금보다 훨씬 높았기 때문에, 해당되는 가입자가 있다면 반납은 매우 유리한 선택이 된다. 단, 반환일시금 반납은 소득공제 대상이 아니다. 당시에는 납부 보험료에 대한 소득공제가 없었기 때문이다. 참고로 국민연금 납부 보험료 전액이 소득공제 대상에 포함된 것은 2002년부터다.

나의 형편에 맞는 국민연금 수령 방법

국민연금 수령을 5년 앞둔 아버님이 있습니다. 국민연금을 미리 받는 것이 좋을까요, 아니면 늦춰 받는 것이 좋을까요? 또, 국민연금을 받기 시작하면 건강보험료가 오르나요?

국민연금 수령을 앞두고 있다면 누구나 한 번쯤은 '미리 받는 것이 나을까, 늦춰 받는 것이 더 유리할까?'를 고민하게 된다. 젊은 세대에게는 아직 먼 얘기처럼 들리지만, 은퇴를 앞둔 부모님 세대에게는 현실적인 궁금증이다. 퇴직 후 다른 소득이 없어 생활비가 막막하다면 조기연금을 활용해 긴급 자금을 마련하는 것도 방법이 될 수 있다. 조기연금은 가입기간이 10년 이상이고, 일정한 기준 이상의 소득이 있는 경우가 아니라면 신청이 가능하다. 여기서 일정한 기준 이상의 소득은 월평균 소득이 국민연금 기본연금액 산정에 쓰이는 A값(2025년 기준 3,089,062원)을 초과하는 경우를 뜻한다. 조기연금은 정상 지급연령보다 최대 5년 앞당겨 받을 수 있고, 1년 단위로 신청할 수 있다. 다만, 1년 앞당길 때마다 기본연금액의 6%가 감액되며, 최대 5년을 앞당기면 30%까지 줄어든다. 이런 이유로 조기연금은 '손해연금'이라는 별칭으로 불리기도 한다. 혹시 조기연금을 받다가 후회된다면 지급을 정지하고 다시 가입할 수도 있다.

연금이 감액되는 상황은 조기연금 말고도 있다. 정상 지급 개시 연령부터 5년 동안 연금을 받으면서 일정한 기준 이상의 소득이 있다면 연금액이 줄어든다. 이 경우 부양가족연금액도 지급되지 않는다. 국민연금이 기초생활 보장을 목적으로 하기 때문이다. 일정한 기준 이상의 소득은 근로소득과 사업소득(임대소득 포함)을 모두 합산해 월평균 소득금액을 계산하고, 이 금액이 A값을 초과하면 감액 대상이 된다. 은퇴 후 재취업에 의한 노후 소득 확충의 필요성이 커짐에 따라 이에 대한 논란도 있었지만, 2015년 이후부터는 A값 초과 정도에 따라 다음 표와 같이 감액률을 차등 적용하고 있다. 감액기간은 최대 5년이며, 감액 한도는 정상 연금액의 50%다. 만약 월평균 소득금액이 많아 감액이 크거나 이를 줄이고 싶다면 연기연금을 활용할 수도 있다.

A값 초과소득월액	국민연금 지급 감액분	월 감액 금액
100만 원 미만	초과소득월액의 5%	5만 원 미만
100만 ~ 200만 원 미만	5만 원 + (100만 원 초과한 소득월액의 10%)	5만 ~ 15만 원 미만
200만 ~ 300만 원 미만	15만 원 + (200만 원 초과한 소득월액의 15%)	15만 ~ 30만 원 미만
300만 ~ 400만 원 미만	30만 원 + (300만 원 초과한 소득월액의 20%)	30만 ~ 50만 원 미만
400만 원 이상	50만 원 + (400만 원 초과한 소득월액의 25%)	50만 원 이상

연기연금은 정상 지급 개시 연령이 되었더라도 소득 활동이나 다른 자산에서 수입이 있는 가입자에게 유용하다. 연금수령 시점을 늦추는 대신 더 인상된 금액을 평생 받을 수 있기 때문이다. 연금 전부 또는 일부(최소 50%, 이후 10% 단위로 선택)를 최대 5년까지 연기할 수 있고, 연기 기간이 끝나면 물가상승률을 반영한 연금액에 1개월당 0.6%씩 가산된 금액을 지급한다. 예를 들어 1년을 늦추면 7.2%가, 5년을 늦추면 36%가 더해진다. 정상 지급연령이 65세이고 매월 100만 원을 받는다고 가정하면, 연기연금을 선택하여 70세부터 수령할 경우 누적 수령액이 정상 연금보다 많아지는 시점은 약 13년 뒤인 83세부터다. 따라서 무조건 연기연금이 유리하다고 단정할 수는 없다. 금액은 늘어나지만, 늦게 받는 만큼 수령 기간은 줄어들기 때문이다. 결국 연기 여부는 본인의 소득 상황, 건강 상태, 은퇴 계획을 종합해 신중하게 선택해야 한다.

국민연금을 받기 시작하면 건강보험료가 늘어나는 것에 대해 의아해할 수 있다. 국민연금과 건강보험은 별개로 생각하기 쉽지만, 실제로는 연금 수령액이 건강보험료 산정에 영향을 준다. 직장을 퇴직하면 직장가입자에서 지역가입자로 전환되는데, 이때 많은 사람이 세금보다 더 부담스럽게 느끼는 것이 건강보험료다. 소득이 없더라도 피부양자가 되지 못하면 일정 기준으로 건강보험료가 부과된다. 자녀나 배우자의 직장 건강보험에 피부양자로 들어가면 다행이지만, 지역가입자가 되면 평생 직접 보험료를 내야 한다.

연금 소득에서 공적연금(국민연금, 공무원연금, 군인연금, 교직원연금, 별정우체국연금)만이 건강보험료 산출 대상 소득에 포함되고 연금 소득의 50%만 반영된다. 예를 들어, 국민연금으로 월 100만 원을 받는다고 가정한다면 연간 수령액 1,200만 원의 50%인 600만 원이 건강보험료 산출 대상 소득이 된다. 국민연금 수령액만을 고려한다면 연간 건강보험료는 600만 원에 건강보험료율 7.09%(2025년 기준)를 곱한 425,400원(월 35,450원)이 된다. 그리고, 월 건강보험료 35,450원에 대해 12.95%를 부과하는 월 장기요양보험료 4,590원을 포함하면, 매월 내야 할 건강보험료와 장기요양보험료는 합하여 40,040원이 된다. 결국 국민연금액이 많아질수록 건강보험료도 늘어날 수 있다는 점을 염두에 두어야 한다.

퇴직연금 제도 유형 선택과 관리 방법

회사가 DB형과 DC형 퇴직연금을 모두 운영 중인데, 어떤 기준으로 선택해야 할까요? 또한 DB형을 선택해도 나중에 DC형으로 바꿀 수 있나요?

직장생활을 시작하면 새로운 일과 팀 분위기를 익히느라 퇴직연금 제도 유형까지 꼼꼼히 살펴볼 여유가 없다. 그래서 대개는 주변에서 많이 선택한 유형을 그대로 고르곤 하고, 그 선택이 퇴직할 때까지 이어지는 경우가 많다. 이제라도 제도 유형의 특징과 관리 방법을 정확히 이해하고, 내게 맞는 가입 유형과 운용 방식을 점검할 필요가 있다. 조금만 미리 챙기면 노후자금의 결과가 달라지며, 젊은 세대야말로 은퇴 이후 삶을 바꾸는 금융 웰빙의 시대를 살고 있기 때문이다.

퇴직연금은 크게 DB와 DC로 나뉜다. DB는 회사 책임형으로, 적립금 운용 결과가 회사에 귀속되고, 근무기간과 평균임금에 따라 받을 퇴직금이 사전에 확정된다. DC는 가입자 책임형으로, 회사가 매년 근로자의 퇴직계좌에 적립할 금액이 정해져 있으나, 가입자가 그 돈을 어떻게 굴리느냐에 따라 최종 퇴직금은 달라진다. 이런 구조 차이는 투자 대상 선호에도 그대로 반영된다. 회사 책임형인 DB는 실적배당상품보다 예금·이율보증보험·ELB·DLB 같은 원리금보장상품 위주로 안정성을 선호한다. 반면 DC는 가입자 성향에 따라 원리금보장상품과 펀드·ETF 같은 실적배당상품을 자유롭게 고를 수 있다. 가끔 퇴직연금 수익률이 다른 연기금보다 부진하다는 기사들이 나오지만, DB와 DC처럼 운용 속성과 주된 투자 대상이 다른 상품을 한데 묶어 단순 비교하는 평가는 공정하지 않다.

운용 의사결정의 방식에 따라 기금형과 계약형으로도 구분된다. 기금형은 노·사·외부전문가로 구성된 수탁법인이 재원을 통합 운용하는 구조이고, 우리나라는 현재 계약형을 채택하고 있다. 계약형은 회사가 금융기관(퇴직연금사업자)과 계약을 맺어 운용관리와 자산관리를 맡기는 방식이다. DC의 계약형·기금형은 운용 방법에 따라 전통적 개인형 DC(IDC)와 집합운용 DC(CDC)로 나뉘며, 2022년 시행된 '푸른씨앗' 중소기업퇴직연금기금은 기금형 운용

방식을 접목한 계약형 집합운용 DC다.

한 회사에서 똑같은 월급을 받는 동료라도 가입 유형과 운용 대상에 따라 퇴직 시 받는 금액은 크게 달라질 수 있다. 퇴직연금은 국민연금과 달리 회사가 100% 부담하는, 말 그대로 회사가 주는 노후 복지제도다. 대법원 판례도 퇴직금을 '후불임금'으로 본다. 다만 모든 근로자가 자동으로 지급 대상이 되는 것은 아니다. 법은 1년 이상 계속 근로했고, 그중 어느 한 주라도 소정근로시간이 15시간 미만이 아니어야 지급 대상으로 본다. 내가 어느 유형에 가입했고 적립금이 얼마이며 어떻게 굴러가고 있는지 궁금하다면, 금융감독원 '통합연금포탈'의 '내연금조회'에서 쉽게 확인할 수 있다. 회사는 보통 DB나 DC 중 한 가지를 도입하는데, 두 가지 모두 선택이 가능한 혼합형도 있으나 흔하지는 않다. 혼합형은 제도 유형의 법적 명칭이라기보다 실무적 편의 개념으로, 일부를 스스로 운용해보고 싶다는 수요에서 나왔다. 한편 회사가 아예 퇴직연금제도를 도입하지 않았다면 법적으로 '퇴직금제도'를 도입한 것으로 간주하여, 회사가 사내에 재원을 적립한 뒤 퇴직 시 직접 지급한다.

추가로 알아두어야 할 퇴직연금 제도 유형으로 개인형 퇴직연금제도인 IRP(Individual Retirement Pension)가 있다. 엄밀히 말하면 제도 유형이라기보다 연금계좌의 한 종류이지만 실무에서는 같은 범주로 다룬다. IRP는 근로자뿐 아니라 개인사업자, 공적연금 대상자인 공무원·교사 등 소득이 있으면 누구나 가입할 수 있다. 직장을 옮기거나 퇴직해 퇴직금을 받거나, 개인부담금을 추가 납입하거나, 나중에 연금으로 수령할 때 활용하는 계좌다. 지금은 회사가 퇴직금을 지급할 때 반드시 근로자 명의의 IRP에 지급하도록 하고 있어 퇴직자는 당연히 IRP 가입 대상이 된다. DB의 퇴직금은 계속근무연수 × 퇴직 전 3개월 평균임금으로 산출되므로, 근무기간을 늘리고 퇴직 직전 3개월 평균임금을 높이는 것이 중요하다. DC는 구조가 다르다. 회사가 매년 임금의 1/12 이상을 근로자 퇴직계좌에 예치하면 업무 처리가 끝나며, 예치금에 운용수익을 더한 이연퇴직소득이 곧 퇴직 시 퇴직금이 된다. 여기에 DB·DC 가입자가 IRP에 추가 납입한 개인부담금과 그 운용수익이 있다면, 각각의 퇴직금에 더해져 최종 연금자산이 된다.

제도 유형과 운용 주체, 산출 방식까지 이해했다면 이제는 성향에 맞는 선택을 하면 된다. DB와 DC를 모두 제공하는 회사에 다니는 사회 초년생이라면 다음을 점검하면 된다. 회사 성장성이 크고 본인의 장기근속과 임금상승이 기대되며, 투자에 자신이 없고 안정성을 중시한다면 DB가 어울린다. 반대로 승진·임금상승 기대가 낮고 장기근속이 어려워 보이나, 위험을 감수하고 투자해 수익을 추구하는 성향이라면 DC를 고려할 만하다. 경력이 쌓인 뒤 처음엔 DB를 택했지만 직접 운용하고 싶어졌다면, 퇴직연금규약에서 허용되는 경우 DC로 제도 전환을 통해 적립금을 이전해 운용할 수 있다. DC로 제도 전환은 특정 상황에서 더 자주 발생한다.

임금피크제 도입으로 퇴직 시점까지 연봉이 단계적으로 줄어드는 DB 가입자는 DC 전환이 유리하다. 그대로 DB를 유지하면 평균 임금 하락으로 퇴직금이 줄어들 수 있기 때문이다(일부 회사는 퇴직금 산정기준을 바꿔 감소가 없도록 조정하기도 한다). 또 DC에서는 예외적인 사유에 대해 중도인출을 허용하고 있어 무주택자가 주택구입자금·전세보증금 등을 마련하기 위해 DC로 전환 후 일부를 인출하는 사례가 있다. 유의할 점은 제도 유형의 특성상 DC에서 DB로 전환은 허용되지 않으므로, DB에서 DC로 전환할 시 신중해야 한다.

가입자는 퇴직연금의 수익률 관리를 위해 퇴직연금사업자를 변경할 수 있다. 2024년 10월에 도입된 '퇴직연금 실물이전' 서비스는 보유 상품을 매도·해지하지 않고도 사업자를 변경할 수 있게 한 제도다. 동일 제도 유형 내에서만 가능하며, 이전을 고려할 때는 새 사업자의 서비스 경쟁력을 꼼꼼히 비교할 필요가 있다. 상품 라인업이 충분한지, ETF 적립식 자동매수와 실시간 거래가 되는지, 계좌관리수수료·펀드보수는 합리적인지 등을 점검해야 한다. 실물이전이 가능한 대상은 신탁계약 형태의 원리금보장상품(예금, 이율보증보험, ELB·DLB 등), 공모펀드, ETF 등이 대부분이지만, 상품 특성이나 계약 형태에 따라 불가한 경우가 있으므로 반드시 사전 확인이 필요하다. 이 서비스를 활용하면 불필요한 매매로 인한 기회비용 없이 원하는 사업자로 이전할 수 있다.

여유로운 노후를 위한
개인연금 상품 선택과 관리 방법

 노후 대비를 위해 개인연금에 투자하려 합니다. 긴급할 때 중도 인출까지 생각한다면 IRP와 연금저축 중 어느 쪽이 더 좋을까요?

 회사에 입사하면서부터 국민연금과 퇴직연금에 가입하고 있고 나름대로 주식투자를 통해 금융자산을 키우고 있지만 '고령화'와 '100세 시대'라는 말을 듣게 되면 왠지 마음이 편하지 않다. 여유로운 노후생활을 위해서 현재의 준비가 부족하다는 생각이 들기 때문이다. 이럴 때 국민연금과 퇴직연금에 개인연금을 더한다면 내 연금 준비가 이젠 꽉 차 보일 것이다. 그렇다면 여유로운 노후를 위해 개인연금으로 얼마 정도 준비해

야 할까? 간단히 계산하는 방법이 있다. 금융감독원 홈페이지의 '금융소비자보호' 항목에서 '통합연금포탈' → '내 연금조회·재무설계' → '노후 재무설계'를 이용하면 된다. 현재 나이와 은퇴 예상 연령, 월 생활비 필요액을 입력하면 '노후 필요자금'이 산출된다. 이어 '이미 가입한 연금상품의 예상 연금액의 현재가치 조회'로 들어가면 국민연금과 퇴직연금에서 받을 예상 연금액의 현재가치를 계산해주고, 내가 개인연금으로 채워야 할 '노후 필요자금 여유금액'을 알려준다. 영화 〈버킷리스트(Bucket List)〉를 본 적이 있는가? 우정과 삶의 가치, 그리고 인생의 다양성을 보여주는 영화다. 은퇴 후 자신이 실행에 옮기고 싶은 버킷리스트를 만들지만 여윳돈이 없어 그만 휴지통에 버리는 아쉬운 장면이 나온다. 물론, 같은 병실을 쓰게 된 백만장자의 도움으로 함께 버킷리스트를 실행에 옮긴다. 이처럼 영화와 같이 은퇴 후 인생의 여유와 즐거움을 맛보기 위해서는 기초생활비와 안정된 생활자금 외에 여유자금이 필요한 것이다.

Part 1에서 언급했듯 개인연금은 1층 국민연금, 2층 퇴직연금 위에 내가 쌓는 3층 연금이다. 개인연금에는 세액공제 혜택이 주어지며 '개인부담 IRP'와 '연금저축'이 대표적이다. 제도적으로는 여기에 '세제비적격 연금보험'도 포함되곤 한다. 세제비적격 연금보험은 세액공제는 없지만 10년 이상 유지하면 보험차익이 비과세되는 생명보험사 상품이다. 연금저축은 과거 구(舊) 개인연금

, 연금저축, 그리고 2013년 3월 이후의 '연금저축계좌'로 나뉘는데, 실질적으로 말하는 연금저축은 연금저축계좌를 뜻한다. 연금저축계좌는 계좌 형태의 틀을 말하며, 연금저축신탁·연금저축펀드·연금저축보험으로 구성된다. 다만 은행의 연금저축신탁은 2018년부터 판매가 중지되어 현재 가입 가능한 것은 연금저축펀드와 연금저축보험이다. 다음 표는 현재 가입 가능한 개인연금 상품의 주요 특징을 정리한 것이다.

개인부담 IRP계좌와 연금저축계좌는 둘 다 개인이 노후를 대비해 스스로 준비하는 계좌이고 세액공제 혜택이 있다는 점에서 유사하지만, 가입 자격, 운용 규제, 중도인출 가능 여부 등에서 차이가 있다. 개인부담 IRP계좌는 소득이 있는 모든 종사자가 가입할 수 있고, 연금저축계좌는 사실상 제한이 없어 대한민국 국민이면 가입이 가능하다. 개인부담 IRP계좌는 은행·증권·보험사 등 퇴직연금사업자가 운용관리와 자산관리를 맡고, 연금저축계좌의 경우 연금저축펀드는 자산운용사, 연금저축보험은 보험사가 운용하되 별도의 판매사를 둔다. 두 계좌 모두 여러 금융회사에 복수 계좌 개설이 가능하지만, 연간 납입 한도 1,800만 원은 개인부담 IRP와 연금저축을 합산하여 적용한다. 다만 ISA(개인종합자산관리계좌) 만기 후 60일 이내에 전부 또는 일부를 개인부담 IRP나 연금저축으로 이체해 연금으로 받을 경우, 그 이체금액은 연간 1,800만 원 한도에 포함되지 않는다.

구 분	개인부담 IRP계좌	연금저축계좌	
		연금저축펀드	연금저축보험
가입대상	소득이 있는 모든 종사자	제한 없음	
판매사	퇴직연금사업자	은행, 증권, 보험	
판매기간	2017. 7. 26 ~ 현재	2013. 3. ~ 현재	
납입한도		연 1,800만 원	
납입방식	자유적립	자유적립	정기적립
운용수익	실적배당	실적배당	공시이율
운용대상	예금, ELB, 연금펀드, ETF, TDF, 리츠 등	연금저축계좌 전용펀드, ETF	가입 보험사 상품
위험자산 한도	70%	없음	
수수료	있음	없음	
중도인출	불가능	가능	연금개시 전 불가

　직장생활 중 늦었지만 개인연금 가입을 결심했다고 하자. 중도에 긴급자금이 필요할 가능성까지 고려한다면 어디에 가입하는 것이 좋을까? 선택의 출발점은 가입 목적과 본인의 투자성향이다. 고령화가 빠르게 진행되는 만큼 노후 의료비를 대비해 보험 성격의 혜택을 원한다면 연금저축보험이 더 적합하다. 다만 사업비 부담 탓에 초기 적립금은 개인부담 IRP나 연금저축펀드보다 상대적으로 적을 수 있다. 반대로 예·적금 위주보다 장기투자로 수익을 키우고 싶다면 개인부담 IRP와 연금저축펀드가 맞다. 개인부담 IRP는 연금저축펀드보다 운용 대상 선택 폭이 넓지만, 위험자산 투자는 적립금의 70%까지로 제한된다. 연금저축펀드는 전용 편

드와 ETF 등으로 대상이 제한되지만 위험자산을 100%까지 담을 수 있다. 또한 연금저축펀드는 개인부담 IRP나 연금저축보험과 달리 중도인출이 가능해 긴 투자기간 동안 예상치 못한 자금 수요에 대응할 수 있다. 따라서 수수료 부담을 줄이고 중도인출 옵션을 확보한 채 장기투자로 적극적인 수익을 노린다면 연금저축펀드가 개인부담 IRP보다 적합하다. 반대로 안정형 자산을 포함해 다양한 상품에 분산투자하고, 자산배분으로 위험 비중을 조절하며 목표를 달성하고자 한다면 개인부담 IRP를 선택하는 게 더 좋다.

정부는 개인부담 IRP의 운용 부담을 덜어주기 위해 2025년 3월에 로보어드바이저(RA) 일임서비스 도입을 허용하였다. 원칙적으로 개인부담 IRP의 운용 의사결정은 가입자만 할 수 있었으나, 규제 특례에 따라 로보어드바이저가 가입자를 대신해 검증된 알고리즘으로 성향에 맞는 포트폴리오를 구성하고 운용지시를 할 수 있게 되었다. 하나의 개인부담 IRP계좌에서 여러 투자일임업자의 로보어드바이저 서비스를 병행 선택하는 것도 가능하다. 다만 현재는 연간 세액공제 한도 900만 원을 초과하지 않는 범위에서 이용하도록 제한하고 있다.

개인부담 IRP와 연금저축 간 계좌 이전을 통해 연금계좌를 통합 관리할 수도 있다. 이는 연금 수령 개시 전에 다른 연금계좌로 자산을 옮겨도 인출로 보지 않고 계좌가 그대로 이어진 것으로 인정하는 제도다. 개인부담 IRP계좌 간 이전 또는 연금저축계좌 간

이전은 동일한 상품 내에서 금융회사를 변경하는 것이므로 특별한 제한이 없다. 하지만, 개인부담 IRP계좌와 연금저축계좌 간 상호 이전은 소득세법상 요건을 충족해야 가능하다. 구체적으로 가입자가 만 55세 이상이고 계좌 가입 후 5년이 경과해야 하며, 전액 이전을 조건으로 한다. 다만 연금계좌 내 이연퇴직소득은 5년이 지나지 않아도 이전이 가능하다. 보험사별로 차이는 있지만 연금저축보험은 가입 7년 이내 계약 이전 시 해지공제가 발생할 수 있다. 신청은 이전받는 금융사 홈페이지나 앱에서 원스톱으로 가능하다. 특히 개인부담 IRP 가입자가 중도인출을 하고자 할 때 유용하다. 제도상 중도인출이 제한된 개인부담 IRP를 연금저축펀드로 계약 이전한다면, 연금저축펀드에서 중도인출이 가능하기 때문이다.

직접 연금자산 굴리는 방법

최근 연금자산 운용 트렌드가 바뀌고 있다고 들었습니다. 어떤 변화가 있는지 궁금하고, 수익률을 높이기 위해 직접 운용할 때 투자 대상 선정과 분산투자는 어떻게 하는 게 좋을까요?

"이제 연금도 투자다"라는 말이 있다. 연금자산 관리에 투자의 필요성을 강조하는 문구다. 이해는 되지만 바로 실행으로 옮기기는 쉽지 않다. 내 노후자금만큼은 안정적으로 관리해 은퇴 후 소득원으로 알뜰하게 쓰고 싶다는 마음이 크기 때문이다. 그래서 미래의 퇴직금인 연금자산을 주식 같은 가격 변동이 큰 위험자산보다 원리금보장상품에 묵혀두는 선택을 선호하게 된다. 그렇다면 이런 문구가 연금자산 관리에서 자꾸 등장하는 이유는 무엇일까? 바로 낮아진 금리 때문이다. 저금리 상황에서 연금자산을 오랫동안 낮은 금리의 원리금보장상품에 두면 퇴직금의 미래가치가 떨어져 노후 소득 보장 기능을 제대로 수행하기 어렵기 때문이다. 고용노동부와 금융감독원이 발표한 '2024년 퇴직연금 투자백서'에 따르면, 세액공제 한도 확대와 투자 트렌드의 영향으로 퇴직연금 가입자의 제도 선택과 운용 방식이 달라지고 있다. 적립금 비중에서 빠르게 커진 IRP(2022년 17.2% → 2024년 22.9%)와 점진적으로 늘어난 DC(2022년 25.6% → 2024년 27.4%)의 합계가 2024년 말 DB(49.7%)를 앞섰다. 운용 측면에서도 원리금보장상품 비중이 아직 82.6%로 높지만, 펀드와 ETF 등 실적배당상품에 들어간 금액은 전년 대비 53.3% 증가하며 빠르게 커지고 있다. 이를 두고 언론은 국내 퇴직연금 적립금 운용에 있어서 '저축'에서 '투자'로의 패러다임 변화라고 평가하였다.

트렌드에 민감한 젊은 세대는 퇴직연금 수익률을 어떻게 관리하고 있을까? MZ세대는 1980년대 초~1990년대 중반 출생의 밀레니얼과 1990년대 중반~2010년대 초반 출생의 Z세대를 말한다. 이들은 디지털 환경에 익숙하고 다양한 채널로 정보를 흡수하며, 전형적인 투자 방식을 고집하지 않는다. 2021년 '미래에셋투자와 연금센터'가 MZ세대 직장인 DC 가입자 1,000명을 대상으로 실시한 조사에 따르면, MZ세대의 실적배당상품 편입 비중은 37.6%로 전체 가입자 평균(21.8%, 금융감독원 통합연금포털 2021년 3분기 기준)보다 확연히 높았다. 적립자산 규모가 클수록 실적배당상품 비중과 운용수익률이 모두 높았고, 최근 2년 내 실적배당상품 중심으로 자산배분을 바꾼 비율이 약 28%였으며 변경 이후 수익률 개선을 경험했다는 응답이 많았다. 특히 개선을 경험한 그룹 중 글로벌 자산 비중을 늘린 집단에서 효과가 더 두드러졌다. 또한 자기 계좌의 자산 내역과 배분 상태를 잘 아는 집단일수록 분산투자가 잘 되어 있었고 성과도 양호했다. 필요한 정보의 취득 경로로는 동영상 플랫폼과 SNS 등 뉴미디어 선호도가 높았다. 즉, MZ세대는 이전 세대보다 실적배당상품 비중이 높고, 글로벌 분산과 투자 다각화에 적극적이다.

이런 흐름을 체감했다면 앞으로 내 연금자산 운용도 달라져야 한다. 노후 대비를 위해 보다 적극적으로 운용할 수 있는 제도와 상품으로는 DC 퇴직연금, 개인부담 IRP, 연금저축펀드가 있다. 장기 운용으로 최소한 물가상승률 이상의 수익을 얻고 싶지만, 막상 구체적으로 무엇을 어떻게 살지 막막할 수 있다. 이럴 때는 먼저 자신의 상황과 자산관리 역량을 점검하는 것이 우선이다. 스스로 관심과 시간을 들여 직접 운용할 수 있는 역량이 있다면, 투자 대상을 고르고 분산투자로 포트폴리오를 구성한 뒤 본인의 위험선호에 맞춰 자산배분을 조정하면 된다.

DC 퇴직연금과 개인연금의 수익률을 높이기 위해 직접 운용하려면 다음 표와 같이 먼저 운용 대상과 한도를 정확히 파악해야 한다. 그다음 투자 분석을 통해 장기적으로 상승할 가능성이 높은 대상을 고르면 된다. 다만 대부분의 개인에게 가치분석 투자는 쉽지 않다. 그러다 보니 방향성 예측에 기대어 가격 전망으로 종목을 고르는 경우가 많다. 그러나 '투자에서는 신도 주사위를 던진다'는 말이 있듯, 방향성 예측은 심리에 흔들리기 쉽고 수익 기회로 연결되기 어렵다. 그래서 성공한 투자자와 전문가들은 가치분석에 기반한 장기투자를 권한다. 연금자산은 은퇴 후 소득원을 만드는 것이 목적이므로, 운용 방식도 이 목적에 맞아야 한다. 잦은 변동성을 견디고 장기 자산 형성에 적합한 방식이 요구되는 것이다.

구분		DC 퇴직연금	개인연금	
			개인부담 IRP	연금저축펀드
운용대상	100% 한도	정기예금, 약정이율 보증 파생결합증권, 원리금보장형 보험, 국채·통안채·정부보증채, RP, 채권형·채권혼합형·MMF, TDF, 보증형 실적배당형 보험(연금수령 약정)		연금저축계좌 전용 펀드, ETF
	70% 한도	지방채·특수채·회사채(BBB-이상), CP(A3- 이상), 상장리츠, 주식형·주식혼합형·하이일드 채권형, 부동산펀드(관리, 개량, 임대 목적에 한정), ETF, 파생결합증권(최대 손실 40% 이내), 헤지 목적 파생상품		
	운용 금지	주식, 파생형펀드, 투자부적격등급채권, 사모 펀드, 헤지 목적 외 파생상품, 실적배당형 보험		
위험자산 한도		70%		없음
사전지정운용방법		있음		없음
수수료		있음		없음

연금자산의 수익률을 높이기 위해 제일 중요한 것은 상승 가능성이 있는 투자 대상을 고르는 것이다. 경제·산업의 구조적 변화와 흐름을 반영할 수 있어야 하며, 한 종목에 올인하기보다 복수 종목을 담는 포트폴리오 방식이 효율적이다. 직접 종목 선정하고 포트폴리오 구성하는 게 어렵다면 간접투자, 즉 펀드가 대안이 된다. 방법은 두 가지다. 첫째, 시장을 대표하는 인덱스를 추종하는 인덱스펀드나 관련 ETF에 투자하는 방법이다. 둘째, 인덱스 성과 대비 플러스 알파를 목표로 하는 적극적 운용 방식의 주식형·채권형·혼합형 펀드에 투자하는 방법이다. 적극적 운용 방식을 따르는 펀드는 종류가 매우 다양해 고르기 어려우므로, 별도로 좋은 펀드를 선별하는 기준을 갖추는 것이 좋다.

그렇다면 적극적 운용 방식을 따르는 펀드 중 좋은 펀드는 무엇일까? 펀드 선택은 신중해야 한다. 마트에서 물건을 살 때도 꼼꼼히 비교하고 판매원에게 묻기도 하듯, 미래 가치를 담을 펀드라면 더 신중해야 한다. 주변의 말이나 인기만 보고 추종하는 결정은 피하는 것이 좋다. 기준은 다음과 같다. 첫째, 장기 운용성과가 양호해야 한다. 운용 기간이 최소 3년 이상인 펀드를 보되, 규모가 줄어드는 펀드는 제외하는 것이 바람직하다. 벤치마크 초과수익이 일시적이지 않고, 비교 그룹 상위 50% 밖으로 자주 벗어나지 않는지도 본다. 둘째, 비용이 낮아야 한다. 장기투자에서 판매보수·운용보수 같은 비용은 수익률에 누적 영향을 준다. 동일 유형이라면 보수가 더 낮은 펀드를 택하는 것이 유리하다. 셋째, 정성적 판단을 더한다. 장기 성과의 안정성과 밀접한 요소로 펀드매니저 교체 빈도가 있다. 교체가 잦아 운용스타일 변화와 잦은 포트폴리오 조정이 발생하면 비용 부담과 성과 변동성이 커질 수 있다.

좋은 펀드를 골라 운용하다 보면 연금자산이 커지고, 포트폴리오 분산을 본격적으로 고민하는 단계에 이른다. 자산이 일정 규모에 도달하면 여러 투자 유형으로 분산을 할 필요가 있다. 분산투자는 성과의 변동성을 낮추는 위험관리 수단이다. 방법은 종목 분산, 지역 분산, 시간 분산이 있다. 이 중 시간 분산은 변동성이 큰 자산을 장기·분할로 매수해 평균 매수가격을 낮추는 데 목적이 있다. 자신의 투자성향에 맞춰 위험자산 비중을 정하고 골고루 분산했다면, 이제 남은 것은 은퇴 시점을 앞두고 위험자산 비중을 조절하는 자산배분 실행이다. 자산배분 방법은 포트폴리오 재조정과 재배분으로 나뉜다. 포트폴리오 재조정(rebalancing)은 시장가격 변동으로 바뀐 비중을 일정 주기로 최초 목표 비중으로 되돌리는 방법이고, 포트폴리오 재배분(reallocation)은 더 긴 안목에서 비재무적 여건이나 위험선호 변화에 맞춰 위험자산의 목표 비중 자체를 바꾸는 방법이다.

손쉽게 연금자산 굴리는 방법

Q **DC형 퇴직연금에 가입 중입니다. 사전지정운용방법 설정 안내를 받고 '안정형 상품'으로 선택했는데, 이런 절차가 왜 필요한지 궁금합니다. 디딤펀드와 TDF도 안내받았는데 차이도 알려주세요.**

A 연금자산을 직접 운용해 수익률을 적극적으로 올리고 싶지만, 현실적으로 시간이 없거나 자신이 없어 의사결정을 미루거나 방치하는 경우가 많다. 이런 문제를 줄이기 위해 연금자산을 손쉽게 관리할 수 있는 제도와 상품이 마련되어 있다. 첫째, '사전지정운용제도'다. 가입자가 퇴직연금 적립금을 어떤 금융상품으로 굴릴지 결정하지 않을 경우, 정해진 절차에 따

라 가입자가 미리 지정해둔 방법으로 자동 운용하는 제도다. 노후소득 보장을 강화하려는 취지로 2023년 7월에 시행되었다. 둘째, 가입자를 대신해 자산배분을 알아서 수행하도록 설계된 연금 특화 '디딤펀드'로 2024년 9월에 출시되었다. 자산운용업계가 공동으로 선보인 자산배분형 펀드로, 연금상품 비교와 선택의 폭을 넓혀주는 역할을 한다.

사전지정운용제도는 가입자가 일정 기간 운용지시를 하지 않으면, 사전에 정한 절차에 따라 운용지시권을 퇴직연금사업자에게 전환하는 방식이다. 적용 대상은 DC 퇴직연금과 개인부담 IRP에서 운용하는 '만기가 있는' 금융상품이다. 과거에는 만기가 도래한 원리금보장상품에 대해 별도 지시가 없으면 동일 상품으로 자동 재예치되었다. 그 결과 저금리 원리금보장상품에 자금이 장기간 묶이거나 방치되는 일이 잦았고, 결국 수익률 부진으로 이어졌다. 사전지정운용제도는 이런 구조적 문제를 개선하기 위해 도입된 것이다.

사전지정운용방법은 퇴직연금사업자(금융기관)가 고용노동부 사전심의와 승인을 거쳐 회사와 가입자에게 제시하는 상품 유형을 말한다. 원리금보장상품과 펀드, 두 종류를 섞은 포트폴리오형이 있으며, 원리금보장상품은 상시 가입이 가능해야 하므로 제공 한도 제한이 없어야 한다. 펀드·포트폴리오형은 자산배분의 적절성, 손실 가능성, 수수료 등을 심사해 검증된 상품만 제시된다. 펀드 유형에는 TDF(Target Date Fund), 밸런스드펀드(Balanced Fund), 스테이블밸류펀드(Stable Value Fund), 그리고 사회간접자본펀드 (SOC펀드)가 있다. 이 중에서 TDF와 밸런스드펀드만 단독으로 사전지정운용방법으로 선정될 수 있다. TDF는 최근 사전지정운용 방법으로 가장 많이 활용되고 있는 상품이다. 이는 은퇴 목표 시점이 사전에 결정되고 운용회사 고유의 잔존시간 프레임(glide path)에 따라 초기에는 위험자산 비중을 높게, 목표 시점에 가까울수록 안정성 추구를 위해 위험자산 비중을 자동으로 줄이는 생애(Life Cycle)자산배분 펀드다. 밸런스드펀드는 투자위험이 상이한 자산에 분산투자를 하되 금융시장 흐름과 자산가격이 변동하는 경우 주기적으로 자산배분 비중을 변경하는 상품을 말한다. 그리고 스테이블밸류펀드는 단기금융상품에 투자하여 투자손실을 최소화하고 안정적인 수익률을 추구하는 펀드다.

사전지정운용방법은 다음 표와 같이 투자성향에 따라 안정형, 안정투자형, 중립투자형, 적극투자형 네 그룹으로 나뉘며, 그룹별 구성 상품의 비중이 다르다. 가입자는 퇴직연금사업자로부터 제공되는 정보를 보고 본인 성향에 맞춰 하나를 지정하면 된다. 이후 고용노동부와 금융감독원 홈페이지에 공시되는 사전지정운용방법 수익률을 모니터링해 더 나은 상품으로 변경할 수도 있다. 다만 안정형의 은행·보험 원리금보장상품을 사전지정운용방법으로 선택했을 때 투자형으로 갈아타고 싶어도 중도해지수수료 때문에 만기까지 기다리는 일이 많았다. 이에 정부는 2025년 6월부터 사전지정운용방법으로 가입된 원리금보장상품의 중도해지 이율을 대폭 낮게 개편하였다. 기존에는 가입기간 구간별로 일부해지 이율을 달리 적용했으나, 가입기간 32개월 미만은 약정이자의 최소 80%, 32개월 이상은 최소 90%를 보장하도록 바꾼 것이다. 이러한 사전지정운용제도·방법 내용은 개인부담 IRP에도 동일하게 적용된다. 개인부담 IRP는 회사와의 절차가 없으므로, 퇴직연금사업자가 승인받은 상품이 가입자에게 바로 제공되고 가입자는 그중에서 자신의 사전지정운용방법을 고르면 된다. 그 밖의 운영 방식은 DC와 동일하다.

투자성향	상품 구성	적합한 가입자
안정형	정기예금 또는 (보험사)이율보증상품 100%	원금보존 중시
안정투자형	펀드 40%＋정기예금·이율보증상품 60%	투자손실 민감
중립투자형	펀드 70%＋정기예금·이율보증상품 30%	우수한 장기성과 중시
적극투자형	펀드 100%	장기투자로 높은 수익률 추구

사전지정운용제도 시행 이후 바쁜 일상 탓에 연금자산에 신경을 못 썼다면 실제 운용은 다음 중 하나로 진행되고 있을 가능성이 크다. 첫째, 만기와 무관한 상품으로 운용 중이면 사전지정운용제도와 상관없이 기존 상품으로 계속 운용된다. 둘째, 사전지정운용방법을 지정했고 지정 이전에 가입한 원리금보장상품이 만기 도

래했으나 별도 지시가 없다면, 만기일로부터 6주 대기기간 후 미리 지정해둔 사전지정운용방법으로 전환·운용된다. 셋째, 사전지정운용방법을 지정한 뒤 새로 가입한 원리금보장상품이 만기 도래했는데 지시가 없다면, 통지 후 2주 대기기간만 거쳐 지정된 방법으로 운용된다. 넷째, 사전지정운용방법을 아예 지정하지도 않았고 만기 상품에 대한 지시도 없다면, 낮은 금리의 대기성 자금으로 운용된다. 만약 대기성 운용이 길어지면 수익률 부진의 원인이 될 수 있다. 참고로 일반상품으로 운용하던 가입자가 사전지정운용방법으로 바꾸고 싶다면 6주 대기 없이 즉시 지정할 수 있으며, 반대로 사전지정운용방법을 언제든 일반상품으로 되돌리는 것도 가능하다.

디딤펀드는 운용전문가가 자산배분을 자동으로 수행하도록 설계된 연금 특화 펀드다. DC 퇴직연금과 개인부담 IRP는 물론, 개인연금인 연금저축펀드에서도 운용 가능한 밸런스드펀드의 일종이다. 비교와 선택을 쉽게 하도록 펀드명에 '디딤' 공동 브랜드를 사용하고, 운용사별로 단 하나의 상품만 출시하도록 제한하였다. 위험관리를 위해 주식 편입 비중을 50% 미만으로 두고, 투자부적격 채권 편입 한도는 30% 이하로 제한하였다. 이처럼 안정성을 높인 구조라 적립금 100% 투자도 가능하며, 시장 상황과 가격 변동에 맞춰 최소 30%~최대 50% 범위에서 주식 비중을 탄력 조정해 장기 안정 수익을 추구한다. 다만 운용사마다 자산배분 전략이 다를 수 있으므로 투자설명서로 구체적인 전략을 확인하는 것이 좋다.

TDF와 디딤펀드 중 무엇을 선택할지는 나의 위험선호를 시간에 따라 바꿀지, 일정 범위에서 유지할지에 달려 있다. 젊을 때는 위험자산 비중을 80%까지 높이고 은퇴가 가까워질수록 40% 이하로 줄이고 싶다면 TDF가 적합하다. 다만 실제로는 생애주기와 무관하게 개인의 위험선호가 일정하게 유지되는 경우도 있다. 은퇴 이후에도 시장 상황에 따라 위험자산 비중을 일정 범위에서 탄력적으로 조정하며 유지하고 싶다면 디딤펀드가 적합하다.

연금계좌와 ISA의 차이점

결혼자금을 모으려는 사회 초년생입니다. ISA와 IRP 중 어떤 상품이 더 적합한지, 세액공제 차이도 함께 알려주세요.

직장인에게는 13월의 보너스가 있다. 바로 2월 월급날에 월급과 함께 받는 연말정산 환급액이다. 연말정산은 매월 급여에서 원천징수된 세액의 범위 안에서 연간 소득공제와 세액공제를 반영해 산출한 결정세액이 이미 납부한 세액보다 적을 경우 그 차액을 환급해주는 절차다. 이때 직전 연도에 개인부담 IRP계좌나 연금저축계좌에 납입한 금액이 있다면, 그 금액은 세액공제 대상이 되어 환급액으로 돌려받을 수 있다. 연금계좌에 세액공제 혜택을 주는 이유는 단기적인 자금 마련이 아니라 장기적인 노후 소득원을 만들도록 지원하기 위함이다. 나아가 이렇게 쌓은 연금자산을 연금으로 받는 경우에만 저율분리과세라는 추가 혜택을 준다.

　연금계좌의 세액공제액은 환급하지 않고 해당 계좌에 재투자하는 것이 장기적인 자산 형성에 더 도움이 될 수 있다는 의견도 있다. 아래 표는 연금계좌 납입액에 대한 세액공제 한도와 환급액을 정리한 것이다. 2023년부터 연금계좌 납입액의 세액공제 한도가 200만 원 늘었고, 2022년까지 존재하던 총급여 수준과 연령에 따른 한도 차이도 사라졌다. 개인부담 IRP계좌의 세액공제 한도는 연금저축계좌 한도를 포함한다. 따라서 근로소득자가 연금저축계좌에 600만 원을 납입했다면, 연말정산에서 최대 세액공제를 받기 위해 개인부담 IRP계좌에 300만 원을 추가 납입할 수 있다. 반대로 연금저축계좌 납입액이 없다면 개인부담 IRP계좌에 900만 원을 납입하면 된다.

종합소득금액 (근로소득만 있는 경우)	세액공제율(A)	세액공제 한도(B)		최대 환급액(A×B)
4,500만 원 이하 (5,500만 원 이하)	16.5%	개인부담 IRP계좌	900만 원	1,485,000원
		연금저축계좌	600만 원	990,000원
4,500만 원 초과 (5,500만 원 초과)	13.2%	개인부담 IRP계좌	900만 원	1,188,000원
		연금저축계좌	600만 원	792,000원

사회 초년생이 결혼자금 등 단기 자금 마련을 원한다면, 개인부담 IRP계좌나 연금저축계좌보다 ISA(Individual Savings Account)를 활용하는 것이 더 적합하다. ISA는 하나의 계좌에서 다양한 금융상품에 투자하면서 발생한 수익에 대해 비과세와 저율분리과세 혜택을 주는 만능통장이다. 예금, 채권, 펀드, 파생결합상품, 리츠, RP 등에 분산투자가 가능하며 다양한 전략을 접목할 수 있다. ISA는 연금계좌와 달리 국내 상장주식에 직접 투자할 수 있고 해외주식은 간접투자로만 가능하다. 은행과 증권사에서 1인 1계좌만 개설할 수 있고, 19세 이상이면 소득 유무와 관계없이 가입할 수 있다. 다만, 가입 전 3년 이내 금융소득종합과세 대상자였던 경우는 가입할 수 없다. 세제 혜택을 받기 위한 최소 의무가입기간은 3년이며, 만기 연장은 만기일 3개월 전부터 신청 가능하다. 단, 연간 이자·배당소득이 2,000만 원을 넘으면 금융소득종합과세 대상자가 되어 ISA 재가입이나 만기 연장이 불가능하다. 만기 시 손실이 이익보다 크다면 바로 해지하지 말고 만기를 연장해 비과세 한도를 채운 뒤 해지하는 편이 유리하다.

ISA 운용 방식은 세 가지다. 투자자가 직접 운용 상품을 고르는 중개형, 위탁자가 지정한 방법으로 운용되는 신탁형, 투자일임업자가 제공하는 포트폴리오에 맡기는 일임형이다. 중개형은 예금 가입이 어렵고, 신탁형은 국내 상장주식 투자가 제한된다는 차이가 있다. ISA의 연간 납입한도는 2,000만 원이며, 사용하지 않은 한도는 이월 가능하다. 총 납입한도는 1억 원으로, 소득공제장기펀드와 재형저축 납입액이 포함된다. 가입 유형(일반형, 서민형, 농어민형)에 따라 세제 혜택이 다르다. 일반형은 소득 발생분 중 200만 원까지 비과세이며, 초과분은 9.9% 저율분리과세가 적용된다. 납입 원금은 언제든 인출할 수 있지만, 발생한 이익은 최소 의무가입기간 동안 묶인다. 또 ISA 안에서는 상품 간 손익 상계가 가능해 절세효과가 크다. 다만 국내 상장주식의 자본소득은 원래 비과세라 손실이 나더라도 상계 대상이 아니다. 해외 ETF 등 과세 상품도 손익 합산 대상에서 제외된다. 따라서 절세효과를 위해서는 투자 대상을 신중하게 선택해야 한다.

ISA 만기나 만기 연장 이후 노후자금으로 용도를 바꾸고 싶다면, 비과세·분리과세 처리 후 연금계좌로 이체할 수 있다. 이체는 만기일로부터 60일 이내에 전부 또는 일부를 해야 하며, 이체 후 연금계좌의 연간 납입한도는 기존 1,800만 원에 이체금액이 더해진다. 이체금액에 대한 세액공제는 최대 300만 원 한도 내에서 10%까지 받을 수 있다. 결국 ISA 만기 자금을 연금계좌로 이체하면 연간 최대 세액공제 한도가 900만 원에서 1,200만 원으로 늘어나게 된다.

연금계좌를 활용한 절세 노하우

DC 퇴직연금 가입자입니다. 은퇴 후 받을 연금액을 늘리기 위해 IRP와 연금저축펀드에 추가 납입하고 있습니다. 연금으로 받을 때와 일시금으로 받을 때 부담세액이 어떻게 달라지나요? 그리고 연금으로 받을 때 유의할 점이 있다면 무엇일까요?

DC 퇴직연금과 연금계좌인 개인부담 IRP·연금저축펀드를 통해 자산을 모아왔다면 운용수익 못지않게 반드시 챙겨야 할 것이 있다. 바로 연금자산 관리에서 절대 빼놓을 수 없는 절세 노하우다. 첫째, 연금계좌에는 과세이연 혜택이 주어진다. DC 퇴직연금에 회사가 납입한 부담금과 그 운용수익은 퇴직 시점에 바로 과세하지 않고, 연금계좌에서 인출할 때까지 과세가 이연된다. 세액공제를 받은 개인부담금과 그 운용수익도 마찬가지다. 이 과세이연은 자산이 더 오래 투자될 시간을 확보해주기 때문에 단순한 혜택을 넘어 수익 확대 기회까지 제공한다. 둘째, 연금을 어떻게 수령하느냐에 따라 세금 부담이 크게 달라진다. 아래 표에서 일시금 수령과 연금수령에 대한 적용 세율 차이를 확인할 수 있다.

구분	내용	비고
일시금 수령	· 세액공제 받지 않은 개인부담금: 비과세 · DC 이연퇴직소득(회사부담금과 그 운용수익): 퇴직소득세 100% 부과 · 세액공제 받은 개인부담금과 그 운용수익: 기타소득세(16.5%) 부과	
연금수령	① 세액공제 받지 않은 개인부담금: 비과세 ② DC 이연퇴직소득(회사부담금과 그 운용수익): 퇴직소득세 × 70%(60%*) 부과 ③ 세액공제 받은 개인부담금과 그 운용수익: 연금소득세 적용 또는 종합과세 혹은 분리과세 선택	
연금수령 요건	· 연금계좌 가입기간: 5년 이상 · 만 55세 이상	
연금수령 기간	· 2013.3.1 이전 개설계좌: 5년 이상 · 2013.3.1 이후 개설계좌: 10년 이상	이연퇴직소득은 적용 예외
연금수령 한도	· 계좌별 한도: 연금계좌평가액 ÷ (11−연금수령 연차) × 1.2 · 연간 한도: 1,500만 원(세액공제 받은 개인부담금과 그 운용수익에 대해 적용)	
연금소득공제	**총 연금액** / 350만 원 이하 / 350만 원 초과 ~ 700만 원 / 700만 원 초과 ~ 1,400만 원 / 1,400만 원 초과	**연금소득공제액(900만 원 한도)** / 총 연금액 / 350만 원 + (350만 원 초과 금액의 40%) / 490만 원 + (700만 원 초과 금액의 20%) / 630만 원 + (1,400만 원 초과 금액의 10%)
중도 인출	일시금 수령과 동일한 과세기준 적용	

* 퇴직소득세의 60% 부과는 실제 연금수령 11년 차부터 적용

연금자산을 일시금으로 수령한다면, 세액공제를 받지 않은 개인부담금은 종전에 세제 혜택을 받지 않았기 때문에 비과세 대상이다. 하지만, 이연퇴직소득은 감면 세율이 적용되지 않고 퇴직소득세 100%가 부과된다. 또한, 연말정산에서 세액공제를 받은 개인부담금과 그 운용수익은 기타소득세 16.5%가 붙는다. 특히 연말정산에서 16.5%보다 낮은 세율(13.2%)로 혜택을 받은 경우라면, 일시금 수령 시 오히려 3.3%가 추가로 부과되는 불이익까지 생길 수 있다. 반대로 연금으로 나눠 받는다면 훨씬 유리하다. 세액공제를 받지 않은 개인부담금은 비과세이고, 이연퇴직소득에서 나오는 연금은 수령 기간에 따라 감면 혜택을 준다. 10년 차까지는 퇴직소득세의 30%가 감면되고, 11년 차부터는 40%가 감면된다. 세액공제를 받은 개인부담금과 그 운용수익 역시 연금소득세가 적용되는데, 이 세율은 나이가 많아질수록 점점 낮아진다. 기간지정형 연금은 만 55~69세는 5.5%, 70~79세는 4.4%, 80세 이상은 3.3%다. 종신형 연금은 만 55~79세는 4.4%, 80세 이상은 3.3%다.

연금수령 시기를 늦추는 것도 절세 전략이 된다. 은퇴 후에도 다른 소득이 있어서 당장 연금을 받을 필요가 없다면 수령 개시를 미루는 것이 유리하다. 나이가 많을수록 더 낮은 연금소득세율이 적용되기 때문이다. 또 2013년 3월 이전에 개설된 계좌는 연금수령 기간을 11년 이상으로 설정하는 것이 좋다. 10년까지는 퇴직소득세의 30%만 감면되지만, 11년 차부터는 40%가 감면되기 때문

이다. 결국 연금계좌의 과세이연 효과와 연금수령 시의 감세효과
는 노후 준비에 특별히 주어진 혜택이므로 반드시 챙겨야 한다.

연금으로 받는다면 이처럼 절세효과를 누릴 수 있는데, 유의해
야 할 점이 있다면 무엇일까? 그것은 연금수령 요건과 최소 연금
수령 기간, 계좌별 연금수령 한도, 그리고 연간 1,500만 원 연금수
령 한도다. 그 밖의 연금소득공제와 중도 인출에 관한 사항도 알아
둘 필요가 있다. 첫째, 가입 5년 이상, 만 55세 이상이어야 연금수
령이 가능하다. 둘째, 2013년 3월 이전에 개설된 계좌는 최소 수
령 기간이 5년이지만, 그 이후에 가입한 계좌는 수령 기간이 10년
이상이어야 한다. 다만, 이연퇴직소득은 예외적으로 가입 기간과
관계없이 수령할 수 있다. 셋째, 앞의 표의 연금수령 한도 산식을
적용하여 계좌별 연금수령 한도 이내로 연금수령액을 인출해야
한다. 한도를 초과하면 초과 금액에 대해 일시금 수령과 같은 일반
세율이 적용된다. 이연퇴직소득이라면 퇴직소득세 100%, 세액공
제를 받은 개인부담금과 그 운용수익은 기타소득세 16.5%가 그대
로 붙는다. 넷째, 세액공제를 받은 개인부담금과 그 운용수익에서
나오는 연금수령액이 연간 1,500만 원을 넘지 않아야 한다. 초과
하면 전체 금액에 대해 16.5% 분리과세를 하거나, 다른 소득과 합
산해 최소 6.6%~최대 49.5%의 종합소득세를 내야 한다. 다만 의
료비, 천재지변 등 불가피한 사유로 인출하는 금액은 예외다.

연금자산을 연금으로 받을 때 유의해야 할 점이 하나 더 있다.

직장을 이직하면서 불가피하게 여러 개의 연금계좌가 만들어졌다면 통합하여 관리하고 싶은 생각이 들 때가 있다. 그런데 연금계좌 간의 이전을 통해 연금계좌를 통합한다면 연금으로 수령할 때 절세효과에 미치는 영향은 없을까? 그렇지 않다. 연금수령은 소득원천별로 인출 순서가 정해져 있어 주의해야 한다. 연금자산을 연금으로 수령한다면 앞의 표와 같이 ① → ② → ③의 순서로 인출된다. 따라서 연금계좌 관리의 편의를 위해 개인부담 IRP계좌와 연금저축계좌 간 이전을 통해 연금계좌를 통합할 경우, 인출 시기와 금액의 선택권에 제약이 발생할 수 있다. 만약, 연금저축계좌와 개인부담 IRP계좌를 통합한 후에 원래 연금저축계좌에 있었던 연금자산을 연금으로 먼저 받을 의도인 경우에도 실제 연금수령액은 다른 소득원천에서 인출될 수 있다. 이런 경우 절세효과에 영향을 준다면 통합하지 않는 것이 좋다. 또한, 목돈이 필요할 때 연금저축계좌에서 중도 인출을 고려하고 있었다면, 연금저축계좌를 개인부담 IRP계좌에 통합한 후에는 중도 인출이 제한된다. 이 경우 불가피하게 통합계좌 전체를 해지하는 상황이 발생한다면 일시금 수령과 동일한 세율이 적용되어 절세효과를 누릴 수 없게 된다. 따라서 계좌 통합은 관리 편의성 면에서 좋지만 세제 측면에서는 불리할 수 있어 신중해야 한다.

나에게 맞는 연금자산 수령 방법

은퇴를 앞둔 40대 후반 직장인입니다. 적립한 연금자산을 일시금으로 받을지 연금 형태로 받을지 고민입니다. 연금으로 받는다면 일부를 운용하며 수령하고 싶은데, 어떤 방법이 좋을까요?

은퇴가 가까워지면 미뤄왔던 생각들이 하나둘 머릿속을 채우기 시작한다. 길어진 기대수명만큼 늘어난 은퇴 기간을 어떻게 보낼 것인지, 내 연금자산을 어떤 방식으로 꺼내 쓸 것인지가 현실적인 고민으로 다가온다. 이를 가늠하기 위해 은퇴를 앞둔 사람들의 인식과 실제 시장에서의 현황을 먼저 살펴볼 필요가 있다.

2024년 11월, '미래에셋투자와연금센터'가 50대 직장인 천 명을 대상으로 조사한 결과에 따르면, 58.3%가 연금자산의 전부 또는 일부를 연금으로 받을 의향이 있다고 응답했다. 자산 규모가 크고 부채 의존도가 낮으며, 절세효과를 잘 이해할수록 연금수령 의향이 높았다. 연금 개시 시점은 '추가 근로가 어려울 때'가 50.5%로 가장 많았고, '퇴직 직후'가 34.8%, '만 55세 시점'은 14.7%에 불과했다. 수령 방식으로는 확정기간형(31.1%)이 가장 선호되었고, 이어 확정금액형(22.3%), 종신연금형(18.7%), 연금수령한도형(18.3%), 임의형(9.2%) 순이었다. 하지만 실제 시장은 다르다.

고용노동부가 발표한 다음 표에 따르면 계좌 수 기준으로 연금으로 받는 비율은 2017년 1.9%에서 2024년 13%까지 꾸준히 늘었으나 여전히 87%가 일시금으로 수령하고 있다. 학자들이 이를 '연금퍼즐(annuity puzzle)'이라 부른 이유다. 흥미로운 점은 계좌 수가 아닌 금액 기준으로 볼 때는 연금으로 받는 비중이 57%까지 올라간다는 것이다. 이는 적립금 규모가 클수록 연금수령 가능성이 높아진다는 뜻이다. 실제로 2025년 발표된 '국내 연금화 행태요인에 대한 실증분석' 연구에서도 계좌 잔고가 클수록 연금수령 의향이 높고, 긴급자금 수요가 클수록 일시금 수령 가능성이 커진다고 밝혔다. 또한 노후 소득 보장의 필요성을 크게 느낄수록 연금으로 전환하려는 성향이 강해진다는 결과도 있었다.

구분 (단위: 계좌, 억 원, %)	연금수령	비중	일시금 수령	비중	합계	비중
계좌수(A)	74,367	13.0	499,069	87.0	573,436	100.0
적립금평가액(B)	109,277	57.0	82,544	43.0	191,821	100.0
계좌당 적립금평가액(B/A)	1.47	-	0.17	-	0.33	

연금수령 요건을 충족했다면 이제는 구체적인 수령 방법을 선택해야 한다. 결정을 앞두고 연금 외 자산 현황, 긴급자금 계획, 매월 필요한 생활비를 먼저 파악해야 한다. 그리고 연금을 바로 받을지, 아니면 수령 시기를 늦출지를 정해야 한다. 이제 연금자산 수령 시기를 정했다면 다음 표와 같이 특별한 목적이 없는 한 일시금보다는 연금으로 받는 편이 바람직하다. 연금수령 방법은 크게 종신연금 가입과 자가연금화(Self Annuitization) 두 가지다. 종신연금은 현금흐름이 다소 적더라도 사망 시점까지 안정적으로 지급되고, 의료비 보장 등 보험 혜택도 기대할 수 있다. 반면 자가연금화는 자율성과 유연성이 크다. 중도해지나 일부 인출로 유동성을 확보할 수 있지만, 조기 고갈 위험이 존재한다. 다만 일부를 투자상품에 운용해 장기적인 자산 증식을 꾀한다면 이런 위험은 줄어들 수 있다. 결국 가장 합리적인 선택은 종신연금 가입과 자가연금화를 적절히 조합해 다양한 지출 패턴에 대응할 수 있는 현금흐름을 만들어내는 것이다.

구분	주요내용		
일시금 수령	· 긴급자금 수요 대응이 가능하나, 절세효과를 누릴 수 없음		
	· 노후 소득원으로 활용되지 않을 경우, 연금자산의 본래 취지 훼손		
연금수령	종신연금 가입	· 연금자산을 종신연금보험에 가입하는 소극적인 연금화 방법 · 중도해지 또는 일부 인출이 제한되고, 필요에 따라 연금액을 조절할 수 있는 유연성과 운용의 자율성이 없음	
	자가 연금화	· 스스로의 규율에 의해 연금자산을 연금 형태의 현금흐름으로 전환하는 적극적인 연금화 방법 · 공적연금의 보완 역할 및 종신연금의 한계에 대응	

직장에서 퇴직할 경우 법정 퇴직금은 법에 따라 연금계좌의 하나인 개인부담 IRP에 이전하는 방법으로 지급된다. 이때, 퇴직금은 퇴직소득세가 과세이연되기 때문에 원전징수를 하지 않고 세전 금액으로 개인부담 IRP로 이전된다. 다만, 퇴직금이 300만 원 미만이거나 만 55세 이후 퇴직하는 경우에는 연금계좌(개인부담 IRP·연금저축) 또는 일반계좌 중 하나를 입금계좌로 선택할 수 있다. 이때 절세효과를 누리려면 반드시 연금계좌를 선택해야 한다. 일반계좌로 받으면 곧바로 퇴직소득세가 부과되기 때문이다.

결국 연금자산을 일시금으로 받을지, 아니면 연금으로 나눠 받을지는 개인의 경제적 여건과 상황에 따라 달라진다. 하지만 연금자산은 본래 노후 소득원으로 장기간 적립해온 자산이다. 따라서 본래의 취지에 맞게 연금으로 수령하는 것이 합리적이고, 그 과정에서 특별히 주어지는 절세 혜택까지 누릴 수 있다는 점이 가장 큰 장점이다.

나의 형편에 맞는
연금계좌의 연금 수령 방법

은퇴 후 연금을 어떤 방식으로 받는 게 가장 좋을까요? 연금액을 자유롭게 조절할 수 있는 방식을 택할 때 유의해야 할 점은 무엇인가요?

연금자산을 은퇴 이후의 든든한 동반자로 삼아 연금으로 받기로 결심했다면, 이제는 자신의 상황에 맞는 구체적인 수령 방식을 선택해야 한다. 금융기관은 연금수령 요건을 충족한 가입자에게 수령 방법을 안내하며, 가입자는 연금 전문가와 상담하거나 홈페이지를 통해 프로그램을 확인한 후 신청하면 된다. 연금수령 방식은 한 번 지정하면 변경이 쉽지 않기 때문에 다음 표를 참조하여 꼼꼼히 비교하고 자신에게 가장 적합한 유형을 선택해야 한다. 특히 연금저축펀드에 투자한 경우에는 연금 수령을 위해 환매할 펀드의 종류와 금액, 환매 순서를 미리 지정해야 한다.

수령 방식	유형	수령 방법	주요 내용
신탁계약형	기간지정형		
	정기형	지정기간 연금수령	· 운용수익률에 따라 연금액 변동 · 일정기간 소득 공백기 대응에 적합
	구간형	기간을 몇 개의 구간으로 구분하여 연금수령	· 구간별 연금 재원을 다르게 배분 가능 · 은퇴 후 구간별 자금수요 대응에 적합
	연금수령 한도형	세법에서 정한 연금수령 한도만큼 수령	· 운용수익률에 따라 연금액 변동 · 절세효과 목적에 적합
	금액지정형		
	정액형	일정 주기마다 일정연금액 수령	· 연금수령 기간이 유동적으로 변동 · 일정한 생활비가 필요한 경우에 적합
	체증형	일정 주기마다 증액된 연금액 수령	· 연금의 구매력 유지 가능 · 연금자산의 조기 소진 가능성
	체감형	일정 주기마다 감액된 연금액 수령	· 은퇴 초기 많은 자금수요 필요한 경우 적합 · 초기수익률이 부진할 경우 연금자산 조기 소진
	임의형	· 기간지정형과 금액지정형 중 하나를 기본형으로 선택 · 희망 수령 기간과 금액 신청	
보험계약형	확정형	지정기간 연금수령	· 투자 리스크 없이 안정된 연금수령에 적합 · 지정기간 종료 후 연금지급 중단
	종신형	사망시점까지 연금 수령	① 정액형: 보증기간 동안 정액연금 수령 및 보증기간 경과할 경우 생존연금 수령 ② 조기 집중형: '집중연금 수령기간'을 지정하여 큰 금액의 연금수령 가능
	상속형	이자만 연금으로 수령	· 상대적으로 적은 연금액 수령 불가피 · 자녀에게 상속 가능

연금수령 방식은 신탁계약형과 보험계약형으로 구분된다. 먼저 신탁계약형(기간지정형, 금액지정형, 임의형)은 신탁계약에 의해 연금을 받으면서 연금계좌에서 남은 연금자산을 계속 운용할 수 있는 방식이다. 이러한 연금수령 방식은 퇴직연금사업자인 은행과 증권, 그리고 보험사가 취급하고 있다. 가입자가 복수의 연금계좌를 가지고 있다면 연금자산을 각각 다른 방식으로 수령하여 효과적인 현금흐름 조합을 만들어낼 수 있다. 기간지정형은 연금자산을 신청한 기간으로 나누어 지급하는 기간분할 방식이다. 이 방식은 자신의 생애주기에 맞게 연금수령 기간을 조정할 수 있고, 연금수령 기간을 사전에 확정할 수 있어 구체적인 노후설계 대응이 가능하다. 연금수령액은 매 회차 적립금평가액을 잔존 수령 기간으로 나누어 산정한다. 이때, 연금자산의 운용성과가 좋다면 더 많은 연금을 수령하게 된다. 금액지정형은 매회 받고자 하는 연금수령액을 가입자가 지정하되, 연금수령 기간은 연금자산이 소진될 때까지로 수령 기간이 유동적이다. 이 방식은 받게 될 연금액이 사전에 확정되어 있고 유입 현금흐름이 안정적이어서 연금수령 기간에 지출계획을 세우는 데 편리한 점이 있다. 이때, 연금자산의 운용수익이 좋다면 연금자산의 소진 기간을 늦출 수 있다. 임의형은 두 방식을 혼합해 수령액과 기간을 자유롭게 바꿀 수 있다. 예를 들어 여유로운 시기에는 소액만 수령하다가, 갑자기 큰 자금이 필요하면 증액하여 수령할 수 있다. 다만 임의형은 현재 증권사에서

만 취급한다.

　임의형 연금수령의 경우 투자자산으로 운용 중인 연금자산을 연금으로 인출할 때, 인출순서위험(Sequence of Returns Risk)에 유의해야 한다. 연금자산을 투자자산으로 운용하면서 연금 형태의 현금인출(Cash-Out Flow)이 있는 경우, 연수익률 배열 상황에 따라 연금자산의 소진 시점 또는 남은 연금자산의 크기가 달라진다는 것이다. 적극적으로 운용 중인 연금자산에서 연도 말 1회의 연금 인출이 있고, 연수익률 배열이 아래 표의 사례와 같다고 하자. 이때, 매년 2,000만 원의 연금액을 인출할 경우, 사례 B의 5년 후 연금자산은 1.41억 원이 되지만 사례 A는 1.17억 원이 되어 0.24억 원의 차이가 생긴다. 비록 사례 A와 사례 B의 5년간의 기하평균 수익률은 연 3.5%로 동일하지만, 현금인출이 있는 경우 인출단계의 연수익률 배열이 잔존 연금자산에 영향을 주게 되어 5년 후 연금자산이 달라진다. 따라서 임의형을 선택한다면 인출 시점의 시장 상황을 고려해 수령액을 줄이거나 늘리는 전략적 대응이 필요하다.

연금수령 전 연금자산	사례	연수익률					연금수령 후 연금자산
		1년차	2년차	3년차	4년차	5년차	
2억 원	A	-8%	-2%	+6%	+8%	+15%	1.17억 원
	B	+15%	+8%	+6%	-2%	-8%	1.41억 원

보험계약형은 연금전환특약에 의해 연금계좌의 자산을 보험상품으로 전환하여 안정적인 연금과 더불어 의료비 보장 등 보험 혜택까지 받을 수 있는 방식이다. 보험상품 가입에 따른 비용이 있고 공시이율이 적용되므로 연금액이 다소 줄 수는 있다. 그러나 연금계좌 자산 중 일부만 보험계약형으로 전환하고, 나머지는 계속 운용한다면 연금자산의 고갈 우려를 차단하면서 장기적인 증식이 가능하다. 은퇴 기간이 길어지는 시대에는 단순히 쌓아둔 연금을 꺼내 쓰는 것만이 아니라, 남은 연금자산을 어떻게 운용하느냐가 점점 더 중요해지고 있다.

100세 시대 연금 설계 방법

100세 시대에 노후 적정생활비를 연금으로 마련하려면 어떻게 준비해야 할까요? 또 연금자산이 중도에 바닥나지 않도록 하려면 수령 방식을 어떻게 설계해야 할까요?

2024년 12월 23일, 우리나라는 국민 다섯 명 중 한 명 이상이 노인인 초고령사회에 공식적으로 진입했다. 65세 이상이 전체 인구의 20%를 돌파한 것이다. 이제 '돌봄'에서 '자립'으로 키워드가 바뀌는 100세 시대를 살아야 하는 우리에게 중요한 두 가지를 꼽으라면 무엇일까? 첫째는 노후 건강이다. 노후에 병원 신세를 지게 되면 예상 밖의 비용이 발생하기 때문이다. 둘째는 은퇴 후 안정된 현금흐름을 준비하는 것이다. 사망시점까지 적정생활비를 충당할 수 있는 현금흐름이 없다면 경제적인 고통이 뒤따르고 평안한 노후를 기대하기 어렵다. 이런 이유로 은퇴 후 경제적 안정을 위한 가장 효과적인 대비책으로 3층 연금이 꼽힌다. 국민연금 개시 연령보다 일찍 은퇴한다면 소득 공백기를 메워 줄 가교연금이 필요하며, 사적연금인 퇴직연금과 개인연금이 그 역할을 해주어야 한다. 여기에 더해 주택연금의 활용이 권장되고 있으며, 정부는 종신보험의 유동화 방안까지 추진해 노후 소득 보장을 강화하고 있다.

은퇴 후 적정생활비는 어느 정도가 적당할까? 그리고 은퇴 후 국민연금과 퇴직연금을 더한 연금액이 적정생활비에 부족하다면 개인연금으로 채우기 위해 매월 얼마를 적립해야 할까? 먼저, 한국은행이 발표한 '2024년 가계금융복지조사'에 따르면, 우리나라 은퇴 후 부부의 월 적정생활비와 최소생활비는 각각 336만 원과 240만 원 정도다. 이를 바탕으로 연금 설계를 해보자. 은퇴 후 월 적정생활비를 현재 가치 기준으로 매월 300만 원으로 가정하자. 그리고, 28세에 직장생활을 시작하여 60세에 은퇴한 후 90세까지 월 적정생활비를 3층 연금으로 준비한다고 하자. 입사 시점의 가입자 월 임금은 '한국경영자총협회'가 최근 발표한 260만 원을 적용한다. 이때, 연 2% 물가상승률, 연 3.5% 투자수익률, 연 2% 임금상승률을 전제로 한다면 DC 퇴직연금은 61세부터 월 75만 원, 국민연금은 65세부터 월 97만 원으로 추정된다. 그러나 이 금액만으로는 적정생활비에 턱없이 부족하다. 따라서 부족분인 월 225만 원을 개인연금으로 채워야 한다. 아래 표는 61세에서 64세까지 월 적정생활비에 상응하는 월 연금수령액을 만들기 위해 60세까지 매월 적립해야 하는 개인연금을 추정한 것이다. 매월 적립해야 할 개인연금은 가입 시기를 기준으로 대략 30세에는 월 95만 원, 35세에는 월 125만 원, 그리고 40세에는 월 171만 원으로 추정된다. 퇴직연금과 국민연금에 더하여 이처럼 개인연금으로 보완한다면 64세까지는 월 300만 원, 65세 이후에는 국민연금을 포함해 월 397만 원의 연금을 받을 수 있다.

구분	국민연금	퇴직연금	개인연금	가입 연령별 필요한 개인연금 월 적립액*		
				30세	35세	40세
수령시기	65세 이후	61세 이후	61세 이후	95만 원	125만 원	171만 원
월 수령액*	97만 원	75만 원	225만 원			

* '중앙노후준비지원센터' 홈페이지의 '노후준비자금설계'를 활용하여 추정

DC 퇴직연금과 개인연금을 꾸준히 운용해왔다면 이제 중요한 것은 은퇴 기간 동안 자산이 고갈되지 않도록 연금수령 방법을 설계하는 일이다. 길어진 은퇴 기간에 대비하려면 연금자산 수령 방법으로 종신연금 가입과 자가연금화를 적절히 조합하는 것이 필요하다.

그렇다면 내 연금자산을 종신연금 가입과 자가연금화에 어떻게

배분하는 것이 최선일까? '미래에셋투자와연금센터'의 시뮬레이션 결과에 따르면 종신연금 가입의 적정비율은 연금자산의 1/3 정도다. 만약, 연금자산에서 차지하는 종신연금 가입의 비율이 1/3 이하로 떨어지면 장수위험과 은퇴자산 가격 하락위험이 발생할 수 있다. 반면 종신연금 가입의 비율이 1/3을 초과하게 되면 구매력 하락위험과 예기치 않은 이벤트 위험에 대비하지 못할 가능성이 있다. 종신연금 가입의 적정비율은 그 외에도 연금자산의 규모, 국민연금 수령액, 그리고 주택연금 등의 활용도에 따라 달라진다. 이때, 자가연금화로 연금을 수령할 경우 특별히 유의해야 할 점이 있다. 그것은 연금수령 단계의 자산운용 방식은 적립 단계의 자산운용 방식과 달라야 한다는 것이다. 왜냐하면 투자수익률과 투자위험의 상관관계가 적립 단계와 연금수령 단계에서 서로 다르게 나타나기 때문이다. 적립 단계에서는 지속적인 유입 현금흐름으로 인해 투자위험에 상응하는 투자수익률 보상이 주어질 수 있다. 하지만, 지속적인 유출 현금흐름이 발생하는 연금수령 단계에서는 투자위험에 대한 투자수익률 보상이 확률적으로 낮아지기 때문이다. 따라서 적립 단계에서 고위험·고수익을 추구하여 운용수익을 실현했다면, 연금수령 단계에서는 투자위험을 줄여 중위험·중수익 추구 또는 저위험·저수익을 추구하는 자산운용 방식으로 전환이 필요하다.

2025년 10월부터 종신보험 가입자들을 대상으로 사망보험금을 생전에 연금처럼 수령할 수 있는 '사망보험금 유동화' 제도가 단계적으로 시행되었다. 연금 전환 특약이 없는 기존 가입 종신보험 계약에도 '제도성 특약' 형태로 일괄 적용하여 시행하였다. 이로써 본인 사망 후에 보험금이 유가족에게 전해지는 종신보험이 실질적인 노후 자산관리 수단으로 거듭나게 된 것이다. 금융당국은 주된 퇴직 연령과 국민연금 수령 시점 사이의 노후 소득 공백기에 활용할 수 있도록 사망보험금 유동화 적용 나이를 당초 65세에서 55세로 낮추었다. 금리 확정형 종신보험 계약자는 사망보험금이 9억 원 이하이고, 보험료를 완납한 계약자(계약기간과 납입기간 10년 이상)라면 소득과 재산에 상관없이 신청할 수 있다. 이때, 종신보험 계약자와 피보험자가 같아야 하고 신청 시점에 보험계약대출잔액이 없는 월 적립식 계약이어야 한다. 다만, 보험금이 달라지는 변액 종신보험과 금리연동형 종신보험 및 단기납 종신보험 상품은 유동화 대상에 포함되지 않는다.

사망보험금 유동화는 '연금형'과 '서비스형'으로 나뉜다. 연금형은 사망할 경우 받을 보험금의 최대 90% 범위에서 최소 수령 기간을 2년 이상으로 하여 연 단위로 연금수령이 가능하고 나머지는 사망 뒤에 유족이 받는다. 금융감독위원회가 작성한 사례에 따르면 예정이율 7.5%를 적용할 경우, 사망보험금 1억 원을 보장받는 가입자가 30세에 가입하여 매월 8만 7,000원의 보험료를 20년간 총 2,088만 원 납입한 후에 55세부터 20년간 수령하고 70% 유동화를 선택한다면 월평균 14만 원의 연금을 받고 사망보험금으로 3,000만 원을 받을 수 있다. 일시금 수령은 허용되지 않으며, 제도 시행 초기에는 연 지급형으로 지급되지만, 월 지급형도 추진된다. 만약, 유동화 수령 시기 중에 사망한다면 차액은 사망보험금과 함께 지급된다. 연금 대신 보험사가 제휴한 요양시설 이용료나 건강검진 및 건강관리 서비스 등을 저렴하게 제공받는 서비스형도 출시될 예정이다. 이러한 사망보험금의 유동화가 구체화된다면 연금 설계에 있어 3층 연금에 더하여 주택연금과 함께 선택의 폭이 한층 더 넓어질 것이다.

레버리지 ETF로
적립식 투자해보기

적립식 투자로 몇 배로 수익을 내는 것이 현실적으로 가능할까요? 가능하다면 어떤 점을 주의해야 할까요?

앞서 거듭 말했듯 적립식 투자는 주가지수를 대상으로 하는 것이 좋다. 가격이 충분히 오르내리며, 장기적으로는 우상향하기 때문이다. 2000년대 초에는 한국의 KOSPI200을 대상으로 한 상품이 많았지만, 2008년 금융위기 이후에는 선진국 지수나 전 세계 시장을 포괄하는 지수로 대상을 넓히는 흐름이 강해졌다. 한국 투자자가 해외 지수에 적립식으로 투자하기는 한동안 쉽지 않았으나, 국내 증권사들이 미국 상장주식 거래를 지원하면서 본격화됐다. 많은 한국 투자자들이 이용한 상품으로는 NASDAQ100의 일일 등락률을 3배로 추종하는 ProShares UltraPro QQQ(TQQQ)가 있다. 이는 기술주 중심의 노출을 원할 때 적합하다. 업종을 더 넓게 담고 싶다면 다우30을 기초로 한 ProShares UltraPro Dow30(UDOW)을 고르기도 한다.

2010년대 후반 들어 이런 미국 지수 3배수 레버리지 ETF 적립 투자가 유행했고, 관련 책과 '수익 인증'(HTS 수익률 화면 캡처)도 쏟아졌다. 실제로 가능한 일인지 살펴보자. 코로나19 시기에는 비대면 확산으로 컴퓨터·플랫폼 관련 주식이 급등해 NASDAQ100이 과도하게 오른 측면이 있으니, 그 영향을 덜 받는 다우30 기반 3배수 레버리지 ETF로 검증해본다.

먼저 레버리지 ETF를 적립식 투자에 써도 되는가를 따져보자. 흔한 주장 하나는 "지수가 제자리로 돌아오면 레버리지 ETF 가격은 제자리를 못 찾으니 장기 적립식 투자에는 부적합"하다는 것이다. 간단한 예로 확인해보자.

- 기준가 10,000원에서 첫날 −10%, 다음 날 +10%라면 지수는 10,000 → 9,000 → 9,900원이 된다. 같은 구간에서 3배수 레버리지는 10,000 → 7,000(−30%) → 9,100(+30%)이 된다. 지수가 거의 원위치해도 레버리지 가격은 더 크게 낮다.

- 반대로 첫날 +10%, 다음 날 −10%면 지수는 10,000 → 11,000 → 9,900원, 3배수 레버리지는 10,000 → 13,000 → 9,100원이 된다. 역시 결과는 지수보다 더 낮다.

그런데 적립식 투자에서는 주가가 낮아졌을 경우에 추가 매수가 일어나면, 평균매입 하락 효과가 있다. 이것이 레버리지 ETF에서 유리하게 작용할 수 있을 것이다. 이 효과를 실제에서 검증해보자.

실제 ETF는 운용회사마다의 차이가 반영되기 때문에 검증은 가능한 이론가격으로 해볼 것이다. 레버리지 ETF의 이론가격과 실제 거래되는 가격의 차이부터 살펴서, 이론가격으로 검증해도 되는지를 알아본다.

ETF 자체도 펀드여서 펀드의 각종 비용만큼 이론가격보다 차이가 누적될 거라고 생각하기도 한다. ETF, 특히 레버리지 ETF의 가격에는 펀드의 비용이 감안되어 어느 정도 차이가 나지만, 이를 보상할 수 있는 방향으로 펀드를 운용하므로 그 가격은 이론값에서 크게 벗어나지 않는다. 직관적으로 알아볼 수 있게 다우30지수의 실제값을 활용해 이론적인 3배수 ETF의 가격을 구하고, 실제 3배수 ETF인 ProShares UltraPro Dow30(UDOW)의 가격을 약 1,000일(2021.5.19~2025.5.9)에 걸쳐 비교해보면 2021년 5월 19일의 다우30지수 종가는 33,896.04포인트이고, UDOW 가격은 66.7856달러이다. UDOW의 최초 가격에 다우30지수 일등락률의 3배를 적용해, 매일 연결해서 가격을 계산해 1,000일째인 2025년 5월 9일의 값을 구해보면 79.04달러이며 실제 UDOW 가격은 78.83달러로 0.27% 차이가 난다. 이 기간 동안 매일 실제가격에서 이론가격을 뺀 값을 구해서 평균치를 보면 -0.01달러가 된다. 이는 그 차이값이 양이나 음으로 무작위로 나타나서 평균은 거의 0이 됨을 보여준다. 이렇듯 이론가격과 실제가격은 4년 가까운 기간에도 중요한 차이는 나지 않아, 이론가격으로 검증해도 된다.

다음 표에는 2025년 3월 31일~2025년 5월 9일까지의 실제 Dow 30지수 종가(point)를 넣었고, 3배수 레버리지 ETF 의 이론가격도 계산해서 넣었다. 레버리지 ETF는 2025년 3월 31일에 그 날의 다우지수와 같은 값으로 시작했다고 하자. 매일 10만 포인트에 해당되는 돈을 추가해 적립식 투자를 한다. 보통은 월에 1번씩 매수하지만 여기서는 수익률의 성격만 살펴보면 되니, 매일 투자한다고 해보자. 실제 투자에서는 화폐값으로 다시 환산해야 하지만, 여기서는 수익률 위주로 구하니, 그냥 돈의 단위가 포인트라고 가정해서 구해본다.

2025년 4월 1일에 다우지수는 41,989.96포인트가 되고, 전일자 42,001.76포인트에 비해 -0.028% 하락했다. 3배수 ETF는 전일자 42,001.76포인트에 비해 -0.084% 하락한 41,966.36포인트가 되었다. 이 가격에 대해 매일 10만 포인트를 투입해 매수하게 된다.

지수가 많이 하락한 2025년 4월 4일에는 10만 포인트 금액으로, 가격 38,314.86포인트일 때 2.61주를 매수한다. 3배수 ETF를 매수했다면 10만 포인트로 31,376.87포인트의 가격으로 3.19주를 매수하게 된다. 자산액은 적립 주수(일매수주수를 계속 더해온 것)

일자	Dow30 지수	일등락률	3배 ETF가격	단순적립 일매수주수	단순적립주수	단순적립 자산액	3배ETF 적립 일매수주수	3배ETF 적립주수	3배ETF 적립 자산액
25.03.31	42,001.76		42,001.76						
25.04.01	41,989.96	-0.03%	41,966.36	2.38	2.38	100,000	2.38	2.38	100,000
25.04.02	42,225.32	0.56%	42,672.04	2.37	4.75	200,561	2.34	4.73	201,682
25.04.03	40,545.93	-3.98%	37,580.57	2.47	7.22	292,584	2.66	7.39	277,618
25.04.04	38,314.86	-5.50%	31,376.87	2.61	9.83	376,484	3.19	10.57	331,789
25.04.07	37,965.60	-0.91%	30,518.83	2.63	12.46	473,052	3.28	13.85	422,716
25.04.08	37,645.59	-0.84%	29,747.10	2.66	15.12	569,065	3.36	17.21	512,027
25.05.07	41,113.97	0.70%	37,766.61	2.43	64.89	2,667,853	2.65	73.80	2,787,291
25.05.08	41,368.45	0.62%	38,467.89	2.42	67.31	2,784,366	2.60	76.40	2,939,048
25.05.09	41,249.38	-0.29%	38,135.73	2.42	69.73	2,876,352	2.62	79.02	3,013,670
전체기간		-1.79%	-9.20%			2.73%			7.6%

에 당일의 종가를 곱해 구한다. 전체 기간에 28번의 매수가 일어나며 투입한 금액은 280만 포인트가 된다.

2025년 5월 9일 종가를 보면 다우지수는 41,249.38포인트로 2025년 3월 31일의 시작일보다 1.79% 하락했다. 그런데 단순적립 방식으로 구한 자산액은 2,876,352포인트로 투입 원금인 280만 포인트에 비해 2.73% 수익이다. 이는 주가지수가 하락했다가 상승했으니 적립식 투자의 매입평균단가 하락 효과가 나타났기 때문이다.

3배수 레버리지 ETF를 보자. 전체 기간 동안 레버리지 ETF는 42,001.76포인트에서 38,135.73포인트로 변해 9.2%나 하락했다. 하지만 적립식 투자의 평균매입단가 하락 효과가 있어, 마지막 날의 자산액은 3,013,670포인트로 투입 원금인 280만 포인트보다 7.6% 수익이다.

그러면 반대로 주가가 상승했다가 하락하는 구간에는 어떨까. 2024년 11월 4일 종가부터 2025년 1월 10일까지의 구간을 살펴보자. 45 영업일 동안 매일 10만 포인트씩 매수해 적립식 투자를 했다. 이 동안 다우지수는 0.34% 상승했다. 3배수 레버리지 ETF는 0.03% 하락했다. 단순적립자산액은 투입원금 대비 -3.78%, 3배수 ETF의 적립자산액은 투입원금 대비 -11.2%를 보였다. 이처럼 상승했다가 하락하는 구간에서는 레버리지 ETF가 큰 손실을 보이게 된다.

일자	Dow30 지수	일등락률	3배 ETF가격	단순적립 일매수주수	단순적립주수	단순적립 자산액	3배ETF 적립 일매수주수	3배ETF 적립주수	3배ETF 적립 자산액
24.11.04	41,794.60		41,794.60						
24.11.05	42,221.88	1.022%	43,076.44	2.37	2.37	100,000	2.32	2.32	100,000
24.11.06	43,729.93	3.57%	47,692.16	2.29	4.66	203,572	2.10	4.42	210,715
24.11.07	43,729.34	0.00%	47,690.23	2.29	6.94	303,569	2.10	6.52	310,707
24.11.08	43,988.99	0.59%	48,539.73	2.27	9.22	405,371	2.06	8.58	416,241
25.01.02	42,392.27	-0.36%	43,199.81	2.36	91.48	3,877,946	2.31	84.16	3,635,897
25.01.03	42,732.13	0.80%	44,238.81	2.34	93.82	4,009,035	2.26	86.43	3,823,344
25.01.06	42,706.56	-0.06%	44,159.39	2.34	96.16	4,106,636	2.26	88.69	3,916,480
25.01.07	42,528.36	-0.42%	43,606.61	2.35	98.51	4,189,501	2.29	90.98	3,967,454
25.01.08	42,635.20	0.25%	43,935.25	2.35	100.86	4,300,026	2.28	93.26	4,097,355
25.01.10	41,938.45	-1.63%	41,781.27	2.38	103.24	4,329,754	2.39	95.65	3,996,477
전체기간	0.34%		-0.03%			-3.78%			-11.2%

레버리지 ETF 적립식 투자로
3배 벌고 이를 유지하기

**NASDAQ100 3배수 ETF 같은 레버리지 상품에 매달 투자
하면 장기적으로도 수익을 기대할 수 있을까요?**

레버리지 ETF 적립식 투자의 수익과 손실을 제대로 검
증해보자. 실제에 가깝게, 월마다 한 번씩 투자해본다.
많은 사람들이 투자하는 NASDAQ100 지수와 그 3배수
레버리지 ETF를 대상으로, 월별 적립식 투자에서 원금 대비 수익
률이 어떻게 달라지는지 보겠다.

NASDAQ100 지수는 2014년부터 2년 동안 4,000포인트대에
서 횡보하다가, 2016년부터 본격적으로 상승해 2020년 코로나19
직전에는 9,600포인트까지 올랐다. 코로나19로 6,772포인트까지

212

급락했다가 다시 회복해 2021년 말에는 16,700포인트대까지 치솟
으며 고평가 논란이 나왔다. 미국 경제의 강력함과 애플·테슬라 같
은 하이테크 기업의 성장성은 확실했지만, 금리 인상과 각종 불안
요소가 있었기에 거치식보다는 적립식 투자로 접근했다고 하자.
매달(약 21영업일) 10만 포인트씩 적립식 투자를 하되, 변동성이 큰
NASDAQ100 지수의 3배수 레버리지 ETF에 투자한 경우를 보자.

투자자의 예상대로 2022년이 시작되자 지수는 더 오르지 못하
고 하락세를 보여 2022년 10월 10,400포인트까지 하락했다가, 다
시 2025년 2월에 22,222포인트까지 상승했다. 하지만 미 트럼프
대통령의 관세와 무역 분쟁 등으로 2025년 4월 16,500포인트대까
지 하락했다가 그다음에 반등하게 된다.

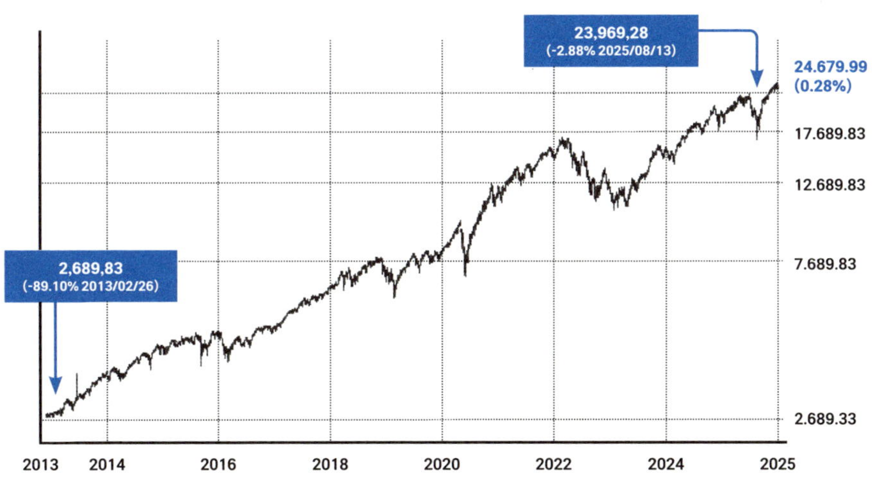

22.02.08	14,747.03	11,447.89		0.00	6.66	98,185	0.00	8.21	93,959	1.21%	-11%	-2%	-31%	-6%
22.02.09	15,056.96	12,169.67		0.00	6.66	100,248	0.00	8.21	99,884	2.10%	-9%	0%	-26%	0%
22.02.10	14,705.64	11,317.82		0.00	6.66	97,909	0.00	8.21	92,892	-2.33%	-11%	-2%	-31%	-7%
22.02.11	14,253.84	10,274.67		0.00	6.66	94,901	0.00	8.21	84,330	-3.07%	-14%	-5%	-38%	-16%
22.02.14	14,268.60	10,306.59		0.00	6.66	94,999	0.00	8.21	84,592	0.10%	-14%	-5%	-38%	-15%
22.02.15	14,620.82	11,069.84		0.00	6.66	97,344	0.00	8.21	90,857	2.47%	-11%	-3%	-33%	-9%
22.02.16	14,603.64	11,030.82		0.00	6.66	97,230	0.00	8.21	90,536	-0.12%	-12%	-3%	-33%	-9%
22.02.17	14,171.74	10,052.11		0.00	6.66	94,354	0.00	8.21	82,504	-2.96%	-14%	-6%	-39%	-17%
22.02.18	14,009.54	9,706.97		0.00	6.66	93,275	0.00	8.21	79,671	-1.14%	-15%	-7%	-41%	-20%
22.02.22	13,870.53	9,418.01		0.00	6.66	92,349	0.00	8.21	77,299	-0.99%	-16%	-8%	-43%	-23%
22.02.23	13,509.43	8,682.46		0.00	6.66	89,945	0.00	8.21	71,262	-2.60%	-18%	-10%	-47%	-29%
22.02.24	13,974.67	9,579.48		0.00	6.66	93,042	0.00	8.21	78,624	3.44%	-15%	-7%	-42%	-21%
22.02.25	14,189.16	10,020.57		0.00	6.66	94,470	0.00	8.21	82,245	1.53%	-14%	-6%	-39%	-18%
22.02.28	14,237.81	10,123.64		0.00	6.66	94,794	0.00	8.21	83,091	0.34%	-14%	-5%	-39%	-17%
22.03.01	14,005.99	9,629.15		0.00	6.66	93,251	0.00	8.21	79,032	-1.63%	-15%	-7%	-42%	-21%
22.03.02	14,243.69	10,119.40		0.00	6.66	94,834	0.00	8.21	83,056	1.70%	-14%	-5%	-39%	-17%
22.03.03	14,035.21	9,675.06	100,000	7.12	13.78	193,445	10.34	18.54	179,409	-1.46%	-15%	-3%	-41%	-10%
22.03.04	13,837.83	9,266.87		0.00	13.78	190,725	0.00	18.54	171,840	-1.41%	-16%	-5%	-44%	-14%
22.03.07	13,319.38	8,225.29		0.00	13.78	183,579	0.00	18.54	152,525	-3.75%	-19%	-8%	-50%	-24%
22.03.08	13,267.61	8,129.38		0.00	13.78	182,866	0.00	18.54	150,747	-0.39%	-20%	-9%	-51%	-25%
22.03.09	13,742.20	9,001.76		0.00	13.78	189,407	0.00	18.54	166,924	3.58%	-17%	-5%	-45%	-17%
22.03.10	13,591.00	8,704.63		0.00	13.78	187,323	0.00	18.54	161,414	-1.10%	-18%	-6%	-47%	-19%
22.03.11	13,301.83	8,149.02		0.00	13.78	183,337	0.00	18.54	151,111	-2.13%	-19%	-8%	-51%	-24%
22.03.14	13,046.64	7,680.01		0.00	13.78	179,820	0.00	18.54	142,414	-1.92%	-21%	-10%	-53%	-29%
22.03.15	13,458.56	8,407.45		0.00	13.78	185,498	0.00	18.54	155,903	3.16%	-18%	-7%	-49%	-22%

일자	나100지수	3배ETF	월투입액	단순적립 매수주수	단순 적립주수	단순적립 자산액	3배ETF 적립 매수주수	3배ETF 적립주수	3배ETF 적립 자산액	일등락률	나100 등락	단순적립 등락	3배 레버리지 등락	3배레버리지 적립
22.01.03	16,501.77	16,501.77		0.00	0.00		0.00	0.00			0%		0%	
22.01.04	16,279.73	15,835.65		0.00	0.00		0.00	0.00		-1.35%	-1%		-4%	
22.01.05	15,771.78	14,353.37		0.00	0.00		0.00	0.00		-3.12%	-4%		-13%	
22.01.06	15,765.36	14,335.84		0.00	0.00		0.00	0.00		-0.04%	-4%		-13%	
22.01.07	15,592.19	13,863.44		0.00	0.00		0.00	0.00		-1.10%	-6%		-16%	
22.01.10	15,614.43	13,922.76		0.00	0.00		0.00	0.00		0.14%	-5%		-16%	
22.01.11	15,844.12	14,537.17		0.00	0.00		0.00	0.00		1.47%	-4%		-12%	
22.01.12	15,905.10	14,705.02		0.00	0.00		0.00	0.00		0.38%	-4%		-11%	
22.01.13	15,495.62	13,569.27		0.00	0.00		0.00	0.00		-2.57%	-6%		-18%	
22.01.14	15,611.59	13,873.93		0.00	0.00		0.00	0.00		0.75%	-5%		-16%	
22.01.18	15,210.76	12,805.29		0.00	0.00		0.00	0.00		-2.57%	-8%		-22%	
22.01.19	15,047.84	12,393.82		0.00	0.00		0.00	0.00		-1.07%	-9%		-25%	
22.01.20	14,846.46	11,896.23		0.00	0.00		0.00	0.00		-1.34%	-10%		-28%	
22.01.21	14,438.40	10,915.32		0.00	0.00		0.00	0.00		-2.75%	-13%		-34%	
22.01.24	14,509.58	11,076.75		0.00	0.00		0.00	0.00		0.49%	-12%		-33%	
22.01.25	14,149.12	10,251.22		0.00	0.00		0.00	0.00		-2.48%	-14%		-38%	
22.01.26	14,172.76	10,302.60		0.00	0.00		0.00	0.00		0.17%	-14%		-38%	
22.01.27	14,003.11	9,932.63		0.00	0.00		0.00	0.00		-1.20%	-15%		-40%	
22.01.28	14,454.61	10,893.40		0.00	0.00		0.00	0.00		3.22%	-12%		-34%	
22.01.31	14,930.05	11,968.31		0.00	0.00		0.00	0.00		3.29%	-10%		-27%	
22.02.01	15,019.68	12,183.86	100,000	6.66	6.66	100,000	8.21	8.21	100,000	0.60%	-9%	0%	-26%	0%
22.02.02	15,139.74	12,476.04		0.00	6.66	100,799	0.00	8.21	102,398	0.80%	-8%	1%	-24%	2%
22.02.03	14,501.11	10,897.23		0.00	6.66	96,547	0.00	8.21	89,440	-4.22%	-12%	-3%	-34%	-11%
22.02.04	14,694.35	11,332.87		0.00	6.66	97,834	0.00	8.21	93,015	1.33%	-11%	-2%	-31%	-7%
22.02.07	14,571.25	11,048.06		0.00	6.66	97,014	0.00	8.21	90,678	-0.84%	-12%	-3%	-33%	-9%

레버리지 ETF의 이론값 계산이나 적립식 투자 재산액의 투자 원금 대비 등락률을 구한 계산표는 위와 같다.

적립식 투자를 시작하면서 주가 하락세를 보였기에 단순 적립식 투자 방식 재산액의 투자원금 기준 등락률(파란색 선)은 음의 값이지만, 지수의 등락률(파란색 얇은 선)보다는 완만한 하락을 보였다. 단순적립식 재산액은 2023년 3월 즈음에 양으로 전환되었는데, 지수는 2024년 1월에야 양으로 전환되었다.

3배수 레버리지 ETF 이론가격의 등락률(검은색 얇은 선)을 보면, 2022년 10월 즈음에 75% 손실을 보이다가 이후 상승하여 2024년 6월 즈음에 양으로 전환된다. 3배 ETF의 적립식 투자 재산액(검은색 선)의 투자원금 대비 등락률은 3배 ETF 이론가격보다는 완만

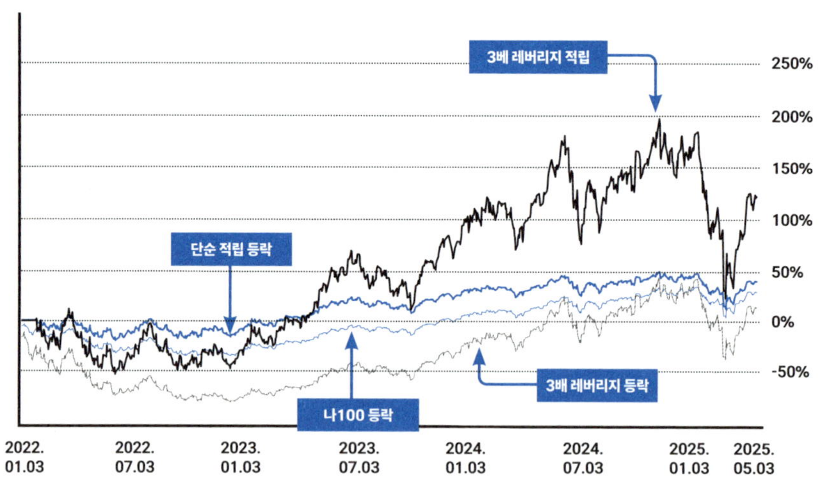

하게 하락했고(그래도 2022년 10월에 43% 손실임), 2023년 3월 즈음에 양으로 전환된다. 그런데 지수가 상승하자 놀라운 수익률을 보여준다. 2024년 12월에 200%의 상승률(재산액 자체로는 투입원금 합의 3배가 된 것이다)을 보여준다. 물론 이후 주가가 급락하자 상승만큼 하락도 가팔라 2025년 4월에는 수익률이 33%에 그쳐, 불과 몇 달 만에 167%의 이익이 사라졌다.

하락이 얼마나 가팔랐는지 실제 표로 보자. 다음 표는 그래프의 원본 자료를 2025년 2월 20일부터 2025년 4월 8일까지만 발췌한 것이다. NASDAQ 지수는 기간 중 22.26% 하락했다. 그런데 3배 레버리지 적립액의 투자원금 대비 수익률 추이는 184% 이익에서 26% 이익으로 이익폭이 엄청나게 줄어든다. 레버리지 ETF의 적립식 투자 시 원금을 3배로 늘리는 것은 어렵지 않지만 다시 원위치하는 것도 금방이라는 것을 알 수 있다.

여기서 중요한 점을 알 수 있다. 적립식 투자로도 원금을 세 배로 불릴 수는 있다. 레버리지 ETF라면 가능하다. 실제로 TQQQ에 적립식으로 투자해 200% 수익을 인증한 사람들이 있었던 것도 이 때문이다. 그러나 레버리지 ETF의 가장 무서운 점은, 지수가 많이 오른 뒤에 큰 폭으로 하락하면 손실 또한 순식간에 불어난다는 것이다. 따라서 이를 예방하거나 충격을 줄이는 방법을 반드시 알아야 한다. 그 답은 바로 자산배분형 투자다. 재산이 어느 정도 커지면, 주가가 더 오를 것 같아도 일부를 채권과 같은 안전 자

일자	NASDAQ지수	일등락률	나100 추이	단순적립액 추이	3배레버리지 추이	3배레버리지 적립액 추이
25.02.20	22,068.06	-0.48%	34%	47%	41%	184%
25.02.21	21,614.08	-2.06%	31%	44%	32%	167%
25.02.24	21,352.08	-1.21%	29%	42%	27%	157%
25.02.25	21,087.25	-1.24%	28%	40%	22%	147%
25.02.26	21,132.92	0.22%	28%	41%	23%	149%
25.02.27	20,550.95	-2.75%	25%	37%	13%	128%
25.02.28	20,884.41	1.62%	27%	39%	19%	140%
25.03.03	20,425.58	-2.20%	24%	36%	11%	124%
25.03.04	20,352.53	-0.36%	23%	35%	10%	121%
25.03.05	20,628.46	1.36%	25%	37%	14%	130%
25.03.06	20,052.63	-2.79%	22%	33%	4%	111%
25.03.07	20,201.37	0.74%	22%	34%	7%	116%
25.03.10	19,430.95	-3.81%	18%	29%	-5%	91%
25.03.11	19,376.96	-0.28%	17%	29%	-6%	90%
25.03.12	19,596.02	1.13%	19%	30%	-3%	96%
25.03.13	19,225.48	-1.89%	17%	28%	-9%	85%
25.03.14	19,704.64	2.49%	19%	31%	-2%	99%
25.03.17	19,812.24	0.55%	20%	32%	0%	102%
25.03.18	19,483.36	-1.66%	18%	30%	-5%	92%
25.03.19	19,736.66	1.30%	20%	31%	-1%	99%
25.03.20	19,677.61	-0.30%	19%	31%	-2%	98%
25.03.21	19,753.97	0.39%	20%	31%	-1%	100%
25.03.24	20,180.45	2.16%	22%	34%	5%	113%
25.03.25	20,287.83	0.53%	23%	35%	7%	116%
25.03.26	19,916.99	-1.83%	21%	33%	1%	104%
25.03.27	19,798.62	-0.59%	20%	32%	-1%	101%
25.03.28	19,281.40	-2.61%	17%	28%	-8%	85%
25.03.31	19,278.45	-0.02%	17%	28%	-9%	85%
25.04.01	19,436.42	0.82%	18%	29%	-6%	89%
25.04.02	19,581.78	0.75%	19%	30%	-4%	94%
25.04.03	18,521.47	-5.41%	12%	23%	-20%	62%
25.04.04	17,397.70	-6.07%	5%	16%	-34%	33%
25.04.07	17,430.68	0.19%	6%	16%	-34%	33%
25.04.08	17,090.40	-1.95%	4%	14%	-38%	26%

산으로 옮겨두어야 한다. 그래야 큰 폭의 조정이 와도 무너짐을 막
을 수 있다.

강창희의 100세 설계 수업

초판 1쇄 2025년 12월 5일

글 | 강창희 유치영 신상훈

발행인 | 박장희
대표이사 겸 제작총괄 | 신용호
본부장 | 이정아
책임편집 | 서정욱
기획위원 | 박정호
마케팅 | 김주희 이현지 한륜아 이나경

디자인 | 디박스

발행처 | 중앙일보에스(주)
주소 | (03909) 서울시 마포구 상암산로 48-6
등록 | 2008년 1월 25일 제2014-000178호
문의 | jbooks@joongang.co.kr
홈페이지 | jbooks.joins.com
인스타그램 | @j__books

ⓒ 강창희, 유치영, 신상훈, 2025

ISBN 978-89-278-8140-7 03320